构图君 编 著

抖音电商

▶ 从入门到精通 手机短视频策划+拍摄+制作+引流+运营

清华大学出版社
北京

内 容 简 介

本书从抖音电商角度出发，精心介绍了手机短视频 5 大核心内容：策划、拍摄、制作、引流与运营，具体讲解了 8 个策划知识、19 个引流技巧、25 个效果制作、25 个运营方法、30 个拍摄方法，帮助大家轻松学习手机短视频制作，精通抖音电商运营。本书分 5 篇共 10 章，内容如下。

（1）策划篇，主要讲解短视频脚本和内容策划，帮助读者快速掌握手机短视频策划的知识，从而策划出爆款视频内容。

（2）拍摄篇，从拍摄技法和构图技巧出发，指导读者拍出优质的商品短视频。

（3）制作篇，以剪映为例，介绍视频的剪辑、特效的制作、视频字幕的添加等，让读者轻松掌握手机短视频的制作方法。

（4）引流篇，介绍如何引爆粉丝资源及快速裂变，达到 10 万＋、100 万＋的粉丝数量。

（5）运营篇，介绍抖音平台的电商卖货渠道、店铺运营技巧，以及视频和直播带货方法。

本书结构清晰明了，实操性强，适合手机短视频创业用户，特别是刚入行抖音电商的新手，以及短视频相关的拍摄、剪辑、运营者。

本书封面贴有清华大学出版社防伪标签，无标签者不得销售。
版权所有，侵权必究。举报：010-62782989，beiqinquan@tup.tsinghua.edu.cn。

图书在版编目（CIP）数据

抖音电商从入门到精通．手机短视频策划＋拍摄＋制作＋引流＋运营 / 构图君编著．— 北京：清华大学出版社，2022.10（2024.1重印）
　ISBN 978-7-302-61757-0

Ⅰ．①抖⋯　Ⅱ．①构⋯　Ⅲ．①网络营销　Ⅳ．① F713.365.2

中国版本图书馆 CIP 数据核字（2022）第 161824 号

责任编辑：贾旭龙
封面设计：飞鸟互娱
版式设计：文森时代
责任校对：马军令
责任印制：刘海龙

出版发行：清华大学出版社
网　　址：https://www.tup.com.cn，https://www.wqxuetang.com
地　　址：北京清华大学学研大厦 A 座　　邮　编：100084
社 总 机：010-83470000　　邮　购：010-62786544
投稿与读者服务：010-62776969，c-service@tup.tsinghua.edu.cn
质量反馈：010-62772015，zhiliang@tup.tsinghua.edu.cn

印 装 者：三河市君旺印务有限公司
经　销：全国新华书店
开　本：145mm×210mm　印　张：9　字　数：250 千字
版　次：2022 年 11 月第 1 版　印　次：2024 年 1 月第 2 次印刷
定　价：79.80 元

产品编号：096329-02

PREFACE 前言

　　随着抖音短视频的不断发展，使用抖音App的用户越来越多，不仅跨越了不同职业，还分布在不同的年龄层。

　　短视频已经走进了人们的生活，越来越多的人会在闲暇时打开抖音观看短视频。在这样的背景下，无数的商家也看到了其中潜在的利益。

　　优秀的短视频是自带流量的，能够吸引用户的关注、点赞和分享，如果短视频还向用户推荐了商品，那么这个短视频也在一定程度上刺激着用户完成对商品的下单行为。因此，商家利用短视频这种方式进行卖货的收益也是十分可观的。

　　随着手机短视频走进千家万户，抖音短视频卖货也逐渐成为一种常态，商家和运营者入驻短视频行业，以短视频的方式售卖商品。手机短视频以传播时间短的优势占据了电商行业的半壁江山。

　　由于手机短视频的门槛低，且效益高于其他电商形式，自然也受到了无数想投身于电商行业的人群的青睐。但对于没有经验的小白来说，运用抖音短视频卖货还是有一定难度的，例如，怎样策划出大众喜欢的短视频内容？如何拍出优质短视频？拍摄出来的短视频应该怎么制作？视频上传到平台之后流量从何而来？如何运营好短视频账号？

　　基于此类情况，本书以手机短视频的策划、拍摄、制作、引流与运营为线索，将内容分为5篇10章，从手机短视频的不同角度介绍抖音电商全流程，帮助想要从事短视频卖货却又没有基础的人群快速成为短视频卖货高手，用一部手机就能在家赚钱。

　　本书主要有以下3个特点。

　　（1）阶段化。分阶段讲解手机短视频策划、拍摄、制作、引流与运营，逐个击破。

　　（2）系统化。系统地介绍抖音电商的全流程，一本书掌握手机短视频变现的5大核心内容。

　　（3）全面化。内容全面，图文并茂，语言通俗易懂。

　　本书由构图君编著，参与编写的人员还有李金莲，在此表示感谢。由于作者知识水平有限，书中难免有疏漏之处，恳请广大读者批评、指正，读者可扫描封底文泉云盘二维码获取作者联系方式。

编　者
2022年10月

01 策划篇

第1章 脚本：轻松打造爆款视频 002

1.1 脚本策划准备 003
- 1.1.1 前期用户调研 003
- 1.1.2 找到细分领域 006
- 1.1.3 选定拍摄主题 008

1.2 脚本策划方法 009
- 1.2.1 挖掘商品卖点 009
- 1.2.2 筛选商品卖点 010
- 1.2.3 罗列商品卖点 011
- 1.2.4 呈现商品卖点 012

1.3 设计拍摄脚本 015
- 1.3.1 提炼商品卖点 015
- 1.3.2 展现商品精华 016
- 1.3.3 脚本创作要点 018
- 1.3.4 提炼脚本要点 018
- 1.3.5 抓住用户需求 021

第2章 内容：创意视频引人关注 023

2.1 文案内容策划 024

2.1.1 精确描述商品 024
  2.1.2 表达商品拥有感 026
  2.1.3 准确形容商品 026
  2.1.4 体现商品特性 027
  2.1.5 体现商品针对性 027
2.2 文案策划技巧 029
  2.2.1 口播文案要点 029
  2.2.2 文案带货效应 031
  2.2.3 视频成交法则 032
2.3 打造视频剧本 033
  2.3.1 视频画面好看 034
  2.3.2 道具展示品质 035
  2.3.3 紧扣用户需求 036
  2.3.4 展示穿搭技巧 038
  2.3.5 图片生成幻灯片 039
2.4 视频内容策划 040
  2.4.1 属性细节展示 040
  2.4.2 特色卖点展示 041
  2.4.3 操作演示教程 042
  2.4.4 功能具象展示 042
  2.4.5 品牌宣传视频 043
  2.4.6 代入用户体验 043
2.5 制作短视频技巧 044
  2.5.1 做好人设定位 044
  2.5.2 巧妙植入商品 046
  2.5.3 突出商品功能 046
  2.5.4 吸引用户注意 047
  2.5.5 文案踩中痛点 048

02 拍摄篇

第 3 章　拍摄：获得更好的观赏效果 050

3.1　镜头表达技巧 051

3.1.1　商品运镜方式 051

3.1.2　商品镜头语言 053

3.1.3　增强视频感染力 056

3.2　商品拍摄技法 058

3.2.1　拍摄综合型商品 059

3.2.2　拍摄外观型商品 060

3.2.3　拍摄功能型商品 061

3.2.4　拍摄不同材质的商品 063

3.2.5　美食商品拍摄 065

3.2.6　人像模特拍摄 067

3.3　商品拍摄注意事项 069

3.3.1　选择拍摄场景 069

3.3.2　拍摄现场光线 070

3.3.3　背景表达氛围 072

3.3.4　体现商品价值 072

3.3.5　注意拍摄顺序 073

第 4 章　构图：拍出更高品质的视频 075

4.1　短视频的构图技巧 076

4.1.1	构图的基本原则	076
4.1.2	视频的画幅选择	076
4.1.3	展现商品的特色	078
4.1.4	视频的构图形式	080
4.1.5	进阶构图技巧	086

4.2 打光的基础知识 089

4.2.1	光线质感和强度	089
4.2.2	理解光源的类型	092
4.2.3	用反光板控制光线	094

4.3 巧用光线表现商品 095

4.3.1	白平衡展示真实感	096
4.3.2	不同方向光线的特点	097
4.3.3	经典的电商布光	099
4.3.4	使用日常道具补光	100
4.3.5	拍出免抠无影白底视频	101

03 制作篇

第 5 章 剪辑：剪出专业抖音视频 104

5.1 基础剪辑操作 105

5.1.1	片段剪辑：《飞碟加湿机》	105
5.1.2	替换素材：《翻页时钟》	107

5.1.3　视频变速：《纸雕灯》 109

5.1.4　定格功能：《可爱风暴瓶》 112

5.1.5　一键成片：《生态鱼瓶》 115

5.2　添加音频效果 118

5.2.1　添加音乐：《超萌固体香包》 118

5.2.2　提取音乐：《国风发簪》 121

5.2.3　录制语音：《国风油纸伞》 122

5.2.4　淡入淡出：《陶瓷风铃》 125

5.2.5　音频变速：《小羊纸巾架》 127

5.2.6　音频踩点：《简约隔热垫》 129

第 6 章　特效：提高视频视觉效果 136

6.1　视频调色处理 137

6.1.1　基本调色：《沙漏摆件》 137

6.1.2　滤镜调色：《陶瓷香插》 139

6.1.3　磨砂色调：《梦幻投影灯》 141

6.2　视频特效处理 146

6.2.1　添加转场：《金属胸针》 146

6.2.2　添加特效：《积木盆栽》 150

6.2.3　添加动画：《6 孔陶笛》 153

6.2.4　添加关键帧：《ins 花瓶》 156

6.3　创意合成处理 158

6.3.1　蒙版合成：《太空人 U 盘》 158

6.3.2　色度抠图：《创意时钟》 160

6.4　添加文字效果 162

6.4.1　添加文字：《相机风扇》 163

6.4.2　文字模板：《可爱多肉》 165

6.4.3　识别字幕：《立式蚊香架》 166

6.4.4　文字气泡：《香薰石台灯》 168

6.4.5　添加贴纸：《创意蜡烛》 170

04 引流篇

第 7 章　引流：粉丝资源快速裂变 174

7.1　增加内容推荐量 175
- 7.1.1　算法机制分析 175
- 7.1.2　抖音算法机制 176
- 7.1.3　流量赛马机制 176

7.2　提升搜索流量 178
- 7.2.1　精准性是前提 178
- 7.2.2　长尾流量效应 178
- 7.2.3　解析搜索流量 180
- 7.2.4　解析排名原理 184
- 7.2.5　关键词布局技巧 187

7.3　吸粉带来销量 190
- 7.3.1　原创内容引流 190
- 7.3.2　抖音热搜引流 190
- 7.3.3　首页推荐引流 191
- 7.3.4　话题活动引流 192
- 7.3.5　评论功能引流 193
- 7.3.6　线下 POI 引流 193
- 7.3.7　热门话题引流 193
- 7.3.8　爆款视频引流 195
- 7.3.9　DOU ＋付费推广 197

| 7.3.10 | 小店随心推引流 | 199 |
| 7.3.11 | 利用私域流量引流 | 200 |

第 8 章　营销：用户关注引爆流量 202

8.1　优惠促销商品 203

8.1.1	商品优惠券	203
8.1.2	店铺粉丝券	205
8.1.3	达人粉丝券	207
8.1.4	店铺新人券	209
8.1.5	全店通用券	210

8.2　商品营销工具 211

8.2.1	限时限量购	211
8.2.2	满减活动	215
8.2.3	定时开售	217
8.2.4	拼团活动	219
8.2.5	超级福袋	221
8.2.6	巨量千川	223

05 运营篇

第 9 章　运营：抖音小店运营管理 226

9.1　轻松运营抖店 227

| 9.1.1 | 入驻抖店 | 227 |
| 9.1.2 | 新手店铺任务 | 234 |

- 9.1.3 联系官方运营 234
- 9.1.4 引导用户入会 235
- 9.1.5 店铺推广方式 236
- 9.1.6 提升视觉效果 238
- 9.1.7 提升用户满意度 240
- 9.1.8 提高发货的效率 242

9.2 抖店商品运营 244
- 9.2.1 快速找到商品 245
- 9.2.2 找出优质商品 248
- 9.2.3 创建店铺商品 249
- 9.2.4 上货添加商品 251
- 9.2.5 提高商品点击率 253

9.3 店铺运营规则 255
- 9.3.1 设置店铺名称 256
- 9.3.2 商品信息发布 259
- 9.3.3 违规行为管理 262

第 10 章 带货：视频卖货快速变现 264

10.1 优化视频内容 265
- 10.1.1 商品分享功能 265
- 10.1.2 参考优质内容 266
- 10.1.3 分析带货数据 267
- 10.1.4 提升变现能力 268
- 10.1.5 提升视频转化率 269

10.2 让商品卖出去 270
- 10.2.1 商品展示技巧 271
- 10.2.2 制作教程视频 273
- 10.2.3 丰富场景展示 275
- 10.2.4 视频必备要素 276

01　策划篇

Chapter 01

第 1 章
脚本：
轻松打造爆款视频

随着抖音短视频的发展，视频带货也成为一种潮流，相较图文形式而言，视频带货的转化率更高。本章将介绍商品视频的脚本策划，帮助运营者轻松打造爆款视频，实现高效带货，获得更多的粉丝和收益。

1.1 脚本策划准备

短视频既有趣又实用,可以在短时间内帮助店铺快速吸粉,但短视频不是随便拍拍就行的,视频内容的脚本策划是重中之重,运营者需要根据脚本拍摄,才能让视频更加吸引用户。

本节主要从前期用户调研、找到细分领域及选定拍摄主题 3 个方面介绍短视频的脚本策划准备。

1.1.1 前期用户调研

在抖音平台做短视频,其内容必须与用户的需求和兴趣相契合。运营者可以全面了解平台特性与用户特点,从而确定视频内容的大致方向。

短视频的原理其实都是一样的,那就是内容必须与平台上的用户相契合。因此,运营者首先要进行用户分析,找到用户的痛点、需求和兴趣爱好,这样发布的短视频才能得到广大用户的关注和接纳。

在了解粉丝画像情况时,可以借助一些软件或小程序进行分析。例如,通过如下步骤,在蝉妈妈微信小程序中了解抖音号粉丝的特征。

Step 01 登录微信 App,进入"发现"界面,点击界面中的"小程序"按钮,如图 1-1 所示。

Step 02 进入"小程序"界面,点击右上方的搜索按钮 Q,如图 1-2 所示。

Step 03 在搜索栏中,❶输入并搜索"蝉妈妈";❷在搜索结果界面中,点击"小程序"下方"蝉妈妈"所在的位置,如图 1-3 所示。

Step 04 进入"蝉妈妈"首页界面,点击界面上方的搜索框,如图 1-4 所示。

01 抖音电商从入门到精通：手机短视频策划＋拍摄＋制作＋引流＋运营

图 1-1

图 1-2

图 1-3

图 1-4

第1章 脚本：轻松打造爆款视频

Step 05 进入"搜索"界面，❶在搜索框中输入并搜索想查看的达人名称，例如"小米手机"；❷在搜索结果中点击对应达人所在的位置，如图1-5所示。

Step 06 进入"达人详情"界面，如图1-6所示。

图 1-5   图 1-6

Step 07 切换至"粉丝分析"选项卡，如图1-7所示，默认显示该账号近30天的粉丝趋势。

Step 08 点击"视频观众画像"按钮，即可查看视频观众的性别、年龄、地域分布等信息，如图1-8所示。

　　从图1-8的视频观众画像中，可以看出这个账号的男性粉丝占比远高于女性粉丝，而且年龄分布大多在18～30岁，因此运营者在制作视频时，应该侧重年轻男性感兴趣的内容，例如手机、电脑、平板等。

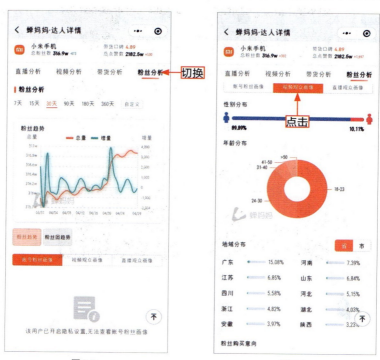

图 1-7　　　　　　　　　图 1-8

1.1.2 找到细分领域

对于短视频来说，内容是非常关键的，必须对每一个镜头都提前做好规划，绝不能浪费一分一秒。通常情况下，短视频最长只有一分钟左右，那么具体要拍些什么才能表达清楚运营者要传达的意思呢？

运营者可以在了解用户痛点的基础上，对视频内容的大致方向进行定位，然后从中找到细分领域，再从细分领域中决定具体要拍什么。

运营者可以从店铺的主营类目中找到用户痛点拍摄短视频。例如，食品类的运营者可以拍摄食品制作过程的视频，这是想学习制作美食方法的用户的痛点，也是食品类商品的卖点。图 1-9 为抖音运营者制作食品的视频。在拍摄时，运营者不仅要抓住细分领域，还要突出商品卖点和用户痛点，从而吸引用户的关注。

第 1 章 脚本：轻松打造爆款视频

图 1-9

当然，运营者也可以从用户痛点中跳脱出来，在自己擅长或了解的领域中找到更多的拍摄内容。例如，擅长摄影的运营者可以拍摄与摄影技巧相关的视频，擅长穿搭的运营者可以拍摄服饰相关的穿搭视频，如图 1-10 所示。当然，也可以分享一些生活中的有趣的事情。

图 1-10

1.1.3 选定拍摄主题

完成用户调研和找到细分领域之后,运营者需要选定短视频的拍摄主题。以制作平安符为例,应当说明如何展现、需要突出哪些重点等,运营者可以将细节都写到脚本中,方便后续拍摄。

(1)用特写镜头展示平安符制作的过程,如图 1-11 所示。

图 1-11

(2)展示制作好的平安符,同时使用一些道具突出平安符的画面感,如图 1-12 所示。

短视频的选题尽量独特有创意,同时运营者要建立自己的选题库和标准的工作流程,这样才能提高创作效率,还可以刺激用户持续观看的欲望。例如,运营者可以多收集一些热点加入选题库中,然后结合这些热点创作短视频。

图 1-12

1.2 脚本策划方法

短视频脚本是指通过事先设计好的剧本和环节,整理出大致的短视频拍摄流程,并将每个环节的细节写出来,包括在什么时间点和谁一起做什么事情、说什么话等,不断引导用户收藏商品和下单购买,实现增粉和成交的目的。

本节主要介绍短视频脚本策划的 4 个步骤,分别为挖掘、筛选、罗列及呈现商品卖点,掌握这 4 步即可轻松拍出优质短视频。

1.2.1 挖掘商品卖点

要想挖掘商品卖点,运营者首先要从用户角度出发,找到用户购买你的商品的主要原因,再从商品、优惠、服务 3 个方面挖掘商品的卖点,如图 1-13 所示。

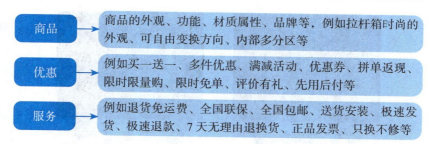

图 1-13

1.2.2 筛选商品卖点

筛选商品卖点,就是根据实际情况挑选、挖掘商品的卖点,再对脚本进行优化。运营者首先要在视频中营造用户对商品需求的氛围,然后再展示要推销的商品。在这种情况下,用户的注意力更加集中,同时他们也不会考虑太多,只是希望可以快点解决自己的需求。

例如,由于视频无法拍摄高压烹饪的过程,"高压烹饪"就不是适合在视频中展现的卖点,不过运营者可以在视频中重点展现商品材质、品质和功能等卖点,如图 1-14 所示。

图 1-14

1.2.3 罗列商品卖点

筛选卖点后,接下来运营者要根据重要程度和吸引性将商品的卖点进行排序,做到有主有次。下面以玻璃餐盒商品为例,将筛选出来的7个卖点进行罗列并写入脚本中,如表1-1所示。

表 1-1 玻璃餐盒短视频脚本

镜头顺序	卖点	字幕	景别	要求	时间/s
1	外观精美	总算找到了一个既便宜还好用的饭盒	近景	拍摄餐盒的外观	2
2	内部空间	享受幸福味道	近景	盛放各种食物	6
3	材质工艺	加厚的高硼硅玻璃	特写	拍摄特写细节	6
4	耐高温	还能微波炉加热	中景	装好食物放入微波炉展示其用途	8
5	密封防漏	保鲜密封盖,内置橡胶圈 四面负压锁扣,经久耐折 密封不漏水	近景	倒入清水,展示商品的密封性能	10
6	分类存储	分格不串味	近景	拍摄分格装着不同食物的餐盒	6
7	使用场景	学生送餐、上班带饭都很实用	近景	拍摄装满食物的餐盒	6

图 1-15 为该餐盒短视频的相关镜头,通过视频展现商品的核心卖点,让用户快速了解该商品。

01 抖音电商从入门到精通：手机短视频策划＋拍摄＋制作＋引流＋运营

图 1-15

1.2.4 呈现商品卖点

运营者把商品的核心卖点罗列好之后，即可将其写入视频脚本中，接下来需要思考如何通过具体的镜头和字幕呈现商品的卖点,让用户通过视频清楚地了解这些卖点。总之,优质的短视频脚本要记住"一全""二删""三调""四写"这 4 个要素。下面以一款笔筒商品为例,介绍脚本要点。

- 镜号:1;景别:全景;运镜方式:前推;画面内容:笔筒外观展示;镜头时间:5 s;表达意义:展示整体效果,如图 1-16 所示。

图 1-16

- 镜号:2;景别:全景+近景;运镜方式:前推;画面内容:装有笔的笔筒;镜头时间:8 s;表达意义:展示使用效果,如图 1-17 所示。

- 镜号:3;景别:特写;运镜方式:固定镜头;画面内容:拍摄笔筒局部,展示笔筒细节;镜头时间:6 s;表达意义:展示细节,如图 1-18 所示。

图 1-17

图 1-18

写好脚本后,运营者就可以根据脚本思考应该怎么拍摄。其实,视频脚本写好后,拍摄过程就变得非常简单了。运营者可以自己拍摄视频,有条件的运营者也可以找专业摄影师拍摄。

最后是后期制作，主要是画面的剪辑和配音，可以在短视频中添加背景音乐和字幕。在视频画面中添加哪些元素，可以根据拍摄的视频内容决定。

 需要注意的是，视频的拍摄除去对画面构成和光影色彩的把控，以及摄像的清晰程度有一定要求以外，摄影师本身的审美能力也是很重要的。

1.3 设计拍摄脚本

运营者只有深入了解商品，对商品的生产流程、材质类型和功能用途等信息了如指掌，才能提炼商品的真正卖点，设计优秀的拍摄脚本。在拍摄短视频时，运营者可以根据用户痛点需求的关注程度，排列商品卖点的优先级，全方位地展示商品信息，吸引用户。

1.3.1 提炼商品卖点

运营者在制作短视频时，需要深入分析商品的功能并提炼相关的卖点，然后亲自使用和体验商品，通过视频展现商品的真实应用场景。运营者可以从商品属性、用户评价、客服反馈和其他信息渠道提炼相关卖点，如图1-19所示。

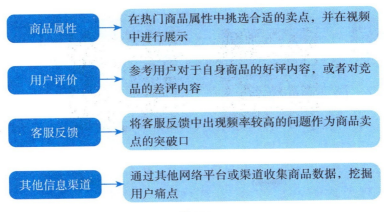

图 1-19

例如，女装商品的用户痛点包括做工、舒适度、脱线、褪色、潮流及搭配等，她们更在乎商品的质量、款式、风格和整体的搭配效果。因此，运营者可以根据"穿搭技巧＋上身效果"等组合制作短视频，相关示例如图 1-20 所示。

图 1-20

> **特别提醒**　运营者要想让自己的短视频吸引用户的目光，就要知道他们心里想的是什么，只有抓住用户的消费心理提炼卖点，才能让视频吸引用户下单。

1.3.2 展现商品精华

提炼商品卖点后，运营者需要根据这些卖点设计短视频的脚本。前面已经简单介绍了提炼商品卖点的几种方法，此时运营者就需要根据商品卖点规划需要拍摄的场景和镜头，以及每个镜头需要搭配的字幕内容。制作好短视频脚本，能够大幅提升工作效率。

例如,下面是一个冰格的短视频,不仅体现了商品的细节质感,同时还拍摄了商品使用场景的镜头,将商品的卖点充分展现出来,如图 1-21 所示。

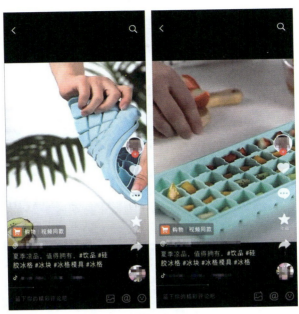

图 1-21

这个冰格的短视频脚本如表 1-2 所示。

表 1-2 冰格的短视频脚本示例

镜 号	场 景	画面内容	运镜方式
1	桌面	展示不同的颜色	旋转并向后拉镜头
2	桌面	展示商品的容量	向前推镜头
3	手持	展示冰格的做工	固定镜头
4	手持	展示冰格的材质	固定镜头
5	桌面	展示使用冰格制作冰块的效果	固定镜头

1.3.3 脚本创作要点

短视频主要是依靠视频内容展现商品的优势，从而达到吸引用户下单的目的。因此，脚本设计尤为重要。完善的脚本不仅可以提高短视频的制作效率，事半功倍，还可以极大程度地提高短视频的转化率和商品的销量。那么，视频带货脚本应该怎么设计呢？可以从说服力、感染力和痛点这3个方面入手，如图1-22所示。

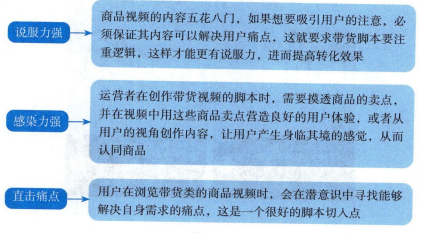

图 1-22

1.3.4 提炼脚本要点

运营者可以从商品的特点中提炼脚本的要点，多维度地展示商品的外观、细节、功能，让用户对商品有更多了解，增加用户的停留时间，从而提高商品的转化率和收藏加购率。

目前，很多运营者存在不少制作方面的误区，制作的短视频质量达不到要求，如图1-23所示。

第1章 脚本：轻松打造爆款视频

```
                    ┌─ 将视频当成直播，全程只有模特在说话却没有声音
                    │
                    ├─ 镜头的切换过快且画质不清晰，画面完全看不清楚
        商品视频的   │
         制作误区   ├─ 视频的整体时间规划不合理，商品出现得太晚
                    │
                    ├─ 只有动态的SKU，而没有突出商品卖点和品牌信息
                    │
                    └─ 直接照搬其他平台的视频，甚至画面中还留有水印
```

图 1-23

> **特别提醒** SKU 是 stock keeping unit（库存量单位）的简写，引申为产品统一编号，每种产品都有对应的SKU，便于识别商品。

为了防止运营者踏入以上误区，短视频要根据商品的脚本拍摄，运营者要根据商品的关键信息策划脚本。图1-24为草头娃娃商品界面，从标题和商品详情中即可看到商品的一些关键信息。

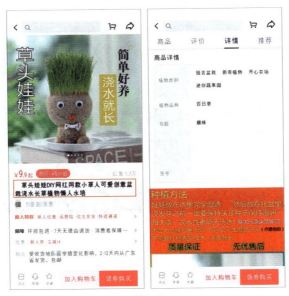

图 1-24

从图 1-24 可以看出商品的卖点为创意、可爱。运营者可以根据"创意、可爱"的卖点编写短视频脚本,如表 1-3 所示。

表 1-3 草头娃娃的短视频脚本示例

镜 号	场 景	画面内容	字 幕
1	内景、近景	展示草头娃娃包装	给孩子买的草头娃娃到了
2	内景、近景	喷水画面	给它喷喷水
3	内景、近景	长出草的娃娃	哇啊~这是它一周以后的发量
4	内景、近景	给娃娃梳头	和孩子一起给它修修头发
5	内景、近景	修好头发的草头娃娃	哇啊~这也太可爱了吧

在拍摄视频时,镜头可以尽量拍摄草头娃娃的不同角度,例如正面、俯拍等,如图 1-25 所示。

图 1-25

下面总结一下短视频的脚本策划要点,如图 1-26 所示。

第 1 章　脚本：轻松打造爆款视频

商品视频的
脚本策划要点
- 全方位地深入了解商品，提炼商品的核心卖点
- 模拟商品的真实使用场景，让用户看到使用效果
- 以用户关心的热度为准，按照优先级排列商品卖点
- 给视频加上说明字幕，重点突出商品的卖点信息

图 1-26

1.3.5　抓住用户需求

虽然短视频的主要目的是带货，但这种单一的内容形式难免让观众觉得无聊。因此，运营者可以在视频脚本中根据用户痛点，为用户提供一些有趣、有价值的内容，提升他们的兴趣和黏性。

例如，用户在下单前可能对商品有疑问，他们会向客服提问或者问购买过这个商品的其他用户，这时就需要运营者对用户的问题进行回复，如图 1-27 所示。其实，这些问题就是用户痛点，运营者可以在视频脚本中将这些痛点列出来，并策划相关的内容，通过短视频解决用户提出的问题。

 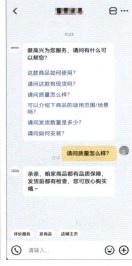

图 1-27

021

短视频不能一味地吹嘘商品的特色卖点，而是要解决用户的痛点，这样用户才有可能为你的商品买单。很多时候，并不是运营者提炼的卖点不够好，而是因为运营者认为的卖点，并不是用户的痛点所在，从而不能解决用户的需求，所以商品对用户自然就没有吸引力。

当然，解决用户痛点的前提是运营者要做好商品的用户定位，明确用户是追求特价，还是追求品质，或者是追求实用技能，以此指导视频脚本的优化设计。

Chapter 02

第2章
内容：
创意视频引人关注

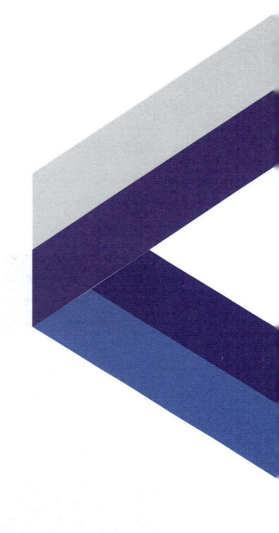

优质的内容往往会受到更多人的关注，抖音中的短视频也是如此。想要打造优质的带货短视频，运营者不仅要懂得如何策划脚本，还要学会对短视频内容进行策划。本章将带大家一起学习短视频内容策划。

2.1 文案内容策划

文案是指具有商品属性的文字，能够一针见血地指出用户的购买需求。短视频的文案必须精准，而且不能过度使用，否则会影响用户的观看体验。本节介绍短视频的文案内容策划，帮助运营者快速打造具有吸引力的短视频文案。

2.1.1 精确描述商品

运营者可以在短视频文案中将商品的功能时间告诉给用户，让他们了解商品功能准确的作用时间。图 2-1 为一些精准描述商品功能时间的短视频文案示例，能够增加用户的获得感。

图 2-1

运营者还可以通过在视频中说明商品的优惠活动时间，给用户营造时间紧迫感，或者通过视频界面的公告牌和悬浮图片素材中的文案提醒用户。

例如，运营者可以在短视频中直接告诉用户，本商品在举行某项优惠活动，活动的具体截止时间，在这个活动期间，用户可以获得该商品的哪些优惠。另外，运营者还需要提醒观众，在活动结束后，如果再想购买，就要花更多的钱。

运营者还需要在短视频中精确描述商品的特点和效果，使其与用户的需求实现精准对接，让商品特色和用户痛点完美结合，相关示例如图 2-2 所示。但是，运营者要想写出体现商品特点的视频文案，就要亲自体验商品，用自己的真实感受打动用户。

图 2-2

2.1.2 表达商品拥有感

在写短视频文案之前,运营者可以事先体验商品,将体验该商品后的感受准确表达出来,让用户在视频中产生短暂的"拥有感",这样更能刺激用户的购买欲,如图2-3所示。

图 2-3

2.1.3 准确形容商品

在写短视频的文案时,运营者可以对使用商品后的感受进行形容。运营者可以从味觉、嗅觉、视觉、听觉等感官出发,形容使用商品后的感受,这样可以增强用户对商品的使用感,同时使文案的可信度更高。如图2-4所示,在这个水果短视频中,运营者通过"入口即化""软糯香甜"描述商品。

图 2-4

2.1.4 体现商品特性

在短视频中体现商品的特性，是商品展现在视频中的重要部分，该部分能让用户更好地认识商品，是引起用户完成下单行为的关键所在。运营者可以研究商品的卖点，然后写出能够展现商品特性的视频文案，为避免出现同质化的文案内容，运营者可以从以下两点出发。

- ♣ 参考竞品的短视频文案，从中找到不同的切入点。
- ♣ 参考跨类别的短视频文案，将其中的精华内容与自己的商品进行结合。

如果运营者能够写出完全原创的商品特性文案，就能达到快速激发用户购买欲望的效果。

2.1.5 体现商品针对性

针对性是指针对用户的某个需求或痛点，在视频中可以多用"你"

这个字,让展现效果更加生动,如图 2-5 所示。

图 2-5

在通过广告打造品牌的时代,企业和运营者都在强调卖点的重要性,即商品的优势及特征,举几个简单的例子,如图 2-6 所示。

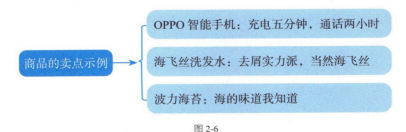

图 2-6

与卖点不同,痛点强调的是用户的诉求和体验,主要是从用户自身出发的。例如,小米击中了大多数用户觉得智能手机价格太高的痛点,支付宝、微信支付则解决了很多人觉得带现金出门麻烦的痛点。打造

第 2 章 内容：创意视频引人关注

爆款短视频的重点就在于准确击中用户的痛点。

以免熨衬衫为例，为了直击用户的痛点，运营者首先应该找到并总结归纳普通衬衫的痛点，具体内容如图 2-7 所示。其次，就是根据其中的一两个痛点分析这款免熨衬衫的优势，再对其进行包装和设计，有针对性地直击用户的某个痛点，使其成为爆款商品。

```
┌──────────────┐    ┌──────────────────────────┐
│              │────│ 熨衬衫的次数太多，很麻烦   │
│ 普通衬衫的痛点 │    └──────────────────────────┘
│              │    ┌──────────────────────────┐
└──────────────┘────│ 想要好的熨烫效果还需要比较好 │
                    │ 的熨烫设备                │
                    └──────────────────────────┘
```

图 2-7

总之，痛点就是通过对人性的挖掘全面解析商品和市场；痛点就潜藏在用户的身上，需要你去探索和发现；痛点就是正中用户下怀，使他们对商品和服务产生渴望和需求。

2.2 文案策划技巧

对于电商短视频中的文案来说，运营者需要兼顾感性和理性，同时也要站在用户的角度进行换位思考，毕竟用户的需求才是商品的卖点。本节介绍一些短视频的文案策划技巧，帮助运营者快速提升视频的点击率和转化率。

2.2.1 口播文案要点

如果短视频采用口播文案形式，也就是通过语音表达文案内容，就需要不断引发用户的冲动消费，不能给他们留下思考的机会。在撰写口播文案时，需要不断地进行优化，具体可以从以下 5 个方面切入，如图 2-8 所示。

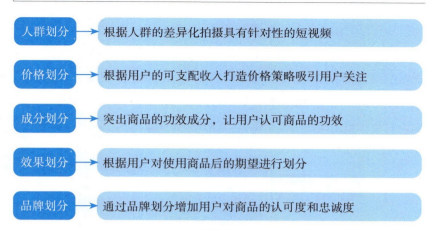

图 2-8

图 2-9 所示的短视频口播文案就是采用成分划分的方式。图 2-10 所示的短视频口播文案则是采用效果划分的方式。

图 2-9　　　　　　　　　　图 2-10

2.2.2 文案带货效应

短视频带货文案已成为不可或缺的营销方式，运营者要想写好带货文案，还必须了解文案带货效应，如图 2-11 所示。

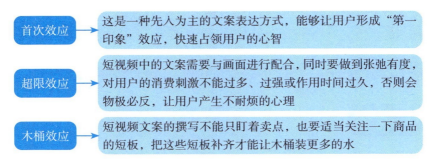

图 2-11

如图 2-12 所示，这个水果茶短视频中的文案就非常注意"度"的把握，没有一味地去刺激用户，而只是在一些关键时间点击中用户痛点，这就是满足"超限效应"的一种表现。

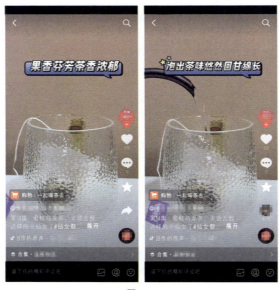

图 2-12

2.2.3 视频成交法则

运营者在短视频带货的过程中，除了要把商品很好地展示给用户以外，还要掌握一些带货技巧和成交法则，这样才可以更好地推销商品，提高视频的带货能力。下面介绍 8 种常用的视频成交法则，如图 2-13 所示。

图 2-13

图 2-14 为黑糖姜枣茶的短视频，画面中"这是我最近在喝的茶"的文案，采用的就是分享成交法。图 2-15 为拌饭酱的短视频，画面中"拌米饭，拌米粉，真的绝绝子"的文案，采用的就是直接成交法，最大的优势就是非常节约时间，能够直接让用户了解商品的特点。

第 2 章 内容：创意视频引人关注

图 2-14　　　　　　　　图 2-15

由于每位用户的消费心理和关注点都不一样，在面对合适且有需求的商品时，由于各种细节因素，仍会导致最后没有下单。面对这种情况，运营者就需要借助一定的销售技巧和文案突破用户的最后心理防线，促使他们完成下单行为。

2.3 打造视频剧本

剧本是视频内容的重要组成部分，许多用户之所以喜欢刷短视频，是因为许多短视频的剧情设计得非常吸引人。因此，对于电商短视频来说，剧本的设计不仅需要有足够大的脑洞，同时还应该把剧本与商品充分融合在一起。

具体来说，运营者可以重点从短视频的剧本设计和抓住用户的消费心理这两个方面进行思考。本节介绍 5 种常见的短视频剧本类型，帮助运营者打开思路，写出符合自己商品特色的短视频剧本。

2.3.1 视频画面好看

视频画面好看这种剧本类型对于拍摄条件的要求比较高，漂亮的模特和背景缺一不可。运营者可以选择室内摆拍场景或者街拍场景作为背景，让模特摆 pose（姿势），或者走走路，总之怎么好看怎么拍，如图 2-16 所示。

图 2-16

以服装商品为例，可以多拍模特穿上服装后的上身效果，相关技巧如图 2-17 所示。当然，不仅模特要美丽或帅气，还需要运营者将拍摄好的视频进行后期加工，让画面显得更加好看，更能打动用户。后期的视频处理对于软件的要求不高，大部分的视频剪辑工具都可以胜任。

第 2 章 内容：创意视频引人关注

服装模特拍摄技巧
- 从模特的正面、侧面、背面等多个角度拍摄
- 拍摄模特缓慢转身的镜头，360°展示上身效果
- 让模特站在上坡路、台阶等高处，进行仰拍

图 2-17

2.3.2 道具展示品质

在拍摄短视频的过程中，运营者可以使用各种道具证明商品的品质优势，向用户充分表明自己的商品材料好、做工好和质量好。下面介绍一款桌布商品常用的拍摄道具和拍摄方法。

（1）叉子：运营者可以在短视频中用叉子在桌布上剐蹭，向用户展现桌布的质量，如图 2-18 所示。

图 2-18

(2)油渍＋抹布：在桌布上涂上油渍，然后用抹布擦干净，向用户展示桌布防油的特性，如图 2-19 所示。

图 2-19

2.3.3 紧扣用户需求

运营者必须准确把握用户的需求，否则你的商品就很难对用户的胃口，难以吸引他们下单。

运营者需要紧扣用户的需求打造用户喜欢的剧本，这种类型的剧本需要运营者进行思考，同时还需要搭配实际使用场景进行说明。例如，微胖女孩买衣服的需求就是"显瘦"，针对这类用户需求，运营者在策划视频的剧本时，必须考虑以下这几个因素。

（1）衣服的上身效果不能太紧，否则会适得其反，让肥肉无所遁形。

第 2 章　内容：创意视频引人关注

（2）衣服不能太宽松，这样看起来会显得太臃肿，甚至有点像"大妈装"。

（3）突出自身商品的优势亮点，例如"修腿神器，修饰各式各样的瑕疵腿""减龄显瘦，胖妹妹收腰气质装"等。

图 2-20 为鱼尾裙商品的短视频，是以微胖女孩这个剧本作为特色亮点拍摄的，既满足了微胖女孩的购物需求，又满足了她们对美好生活的向往，让微胖女孩们在穿搭上找回自信。

图 2-20

拍摄这种紧扣用户需求类型的短视频，有一个非常重要的前提，那就是模特在镜头前的表现力要强，能够表现商品的风格、主题、立意和特点。同时，运营者还可以借助光线、拍摄角度、背景音乐和后期调色，以烘托短视频的气氛，起到画龙点睛的作用，让模特更有表现力，如图 2-21 所示。

图 2-21

2.3.4 展示穿搭技巧

当用户看到运营者的商品后,如果运营者能够给出一个必买的理由,用户就会毫不犹豫地下单。例如,很多女孩子在买衣服的时候,常常会想:"我买了这条裤子后,该穿什么样的衣服进行搭配呢?"此时,运营者便可以在短视频中向用户展示商品的穿搭技巧,并以此为剧本进行拍摄。

如图 2-22 所示,该视频展示的是简约风格的"衬衫+牛仔裙"搭配方案,非常适合在日常场景中穿着。

如果没有模特,运营者可以把服装铺开放在背景比较简洁的地方,或者可以把搭配好的衣服挂在衣架上展示商品。总之,要拍摄这种短视频剧本,运营者不仅要懂得穿搭技巧,还需要有用于搭配的服装。

图 2-22

2.3.5 图片生成幻灯片

不会拍摄短视频的运营者,可以直接用商品拍摄的图片制作幻灯片形式的视频,如图 2-23 所示。

图 2-23

运营者在策划这类短视频剧本时，可以借助对比竞品的方式，突出自己的商品优势和卖点，增加视频的说服力。

2.4 视频内容策划

与单调的文字和图片相比，视频的内容更丰富，记忆线也比较长，信息传递更直接和高效，优秀的短视频可以带来更好的销售业绩。

如今，短视频、直播带货当道，用户没有足够的耐心浏览商品的图文信息，因此视频的重要性不言而喻。本节重点介绍短视频的内容策划技巧，帮助运营者打造优质的短视频。

2.4.1 属性细节展示

运营者可以从用户关注的信息中提炼商品属性，也可以从商品的价值中筛选商品属性作为参考，然后通过短视频更加直观、清晰地向用户展示商品的相关细节。

例如，卖鞋子的运营者可以通过短视频展示面料、鞋垫、颜色和韧性等商品细节，如图 2-24 所示。

图 2-24

图 2-24（续）

2.4.2 特色卖点展示

运营者可以通过用户评论、客服反馈、竞品的差评内容及其他数据分析工具，找到用户的痛点，然后结合自己的商品提炼相关的特色卖点。

以雨伞为例，运营者可以在抖音短视频中展示商品坚固、耐用、美观等特点，然后再通过抖音商品的"详情"选项卡介绍雨伞的伞杆材质、伞布、销售渠道类型等信息，如图 2-25 所示。如果竞品没有做短视频而你做了，这就是你的商品的特色卖点。

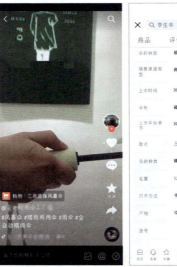

图 2-25

2.4.3 操作演示教程

商品需要安装或者功能比较复杂时,如果只是用抽象的图文或说明书展示这些操作信息,用户可能很难看懂,通常都会再次去咨询客服,增加了运营的工作量,不会操作的用户甚至可能会直接给出差评。

运营者可以通过拍摄抖音视频的方式,向用户更直观、细致地演示商品的使用方法,做到一劳永逸,提升用户的购物体验。

2.4.4 功能具象展示

如今,随着各种商品的不断改进,功能也变得越来越丰富,比较典型的就是手机,除了基本的电话功能外,还加入了摄影、电视、上网、支付等众多的功能。抖音视频可以呈现商品的不同功能和用法,其说服力要远超过文字和图片,让商品变得更接地气,特别适合家居生活和厨房家电等类型的商品,如图 2-26 所示。

图 2-26

在短视频中,用户不仅可以直观、清晰地看到商品,还可以直击用户痛点,让用户深入了解商品的相关信息,这样可以增加用户的停留时间,从而对视频中的商品产生购买欲望,吸引用户下单。

2.4.5　品牌宣传视频

对于品牌运营者来说,品牌就是最好的名片,运营者可以在短视频中突出自己的品牌优势,例如将拍摄过的品牌广告片、自制的宣传片或者新闻媒体的采访视频等放到抖音短视频中进行展示,从而产生品牌效应,让用户更信任运营者,也可以增强他们对商品和售后的信心。

2.4.6　代入用户体验

代入用户体验短视频,是一种能让用户有直观感受的视频。例如,卖吸拖一体吸尘器的运营者可以策划一个家庭难触及的卫生盲区的场景,然后拍摄自己的吸尘器可以攻克各种清洁难题的视频,采用代入式的体验激发用户的内心需求,从而提升商品转化率,如图2-27所示。

图2-27

很多时候,用户进入抖音"商城"界面时只是随意翻看,没有很明确的购买意愿,但如果他们点开了相关的视频,就说明已经对该商品产生了兴趣。此时,运营者需要深挖这些用户的潜在购物需求,通过视频将他们带入具体场景,将其转化为自己的意向客户。

2.5 制作短视频技巧

很多运营者最终都会走向带货卖货这条商业变现之路,短视频能够为商品带来大量的流量转化,并让运营者获得丰厚的收入。本节介绍短视频的制作技巧,帮助运营者快速提升视频的流量和转化率。

2.5.1 做好人设定位

在准备进入短视频领域,开始注册账号之前,首先一定要对自己的商品进行定位,对要拍摄的视频内容进行定位,并根据这个定位策划和拍摄视频内容,这样才能快速形成独特鲜明的人设标签。

运营者要想成功带货,还需要通过短视频打造主角人设魅力,让大家记住你、相信你,相关技巧如图 2-28 所示。

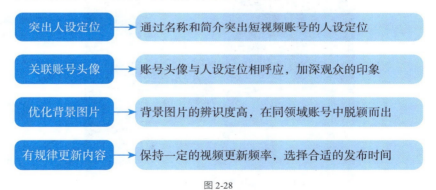

图 2-28

只有做好短视频账号的人设定位,运营者才能在观众心中形成某种特定的标签和印象。标签指的是短视频平台给用户的账号进行分类的指标依据,平台根据用户发布的视频内容,为用户打上对应的标签,

第 2 章 内容：创意视频引人关注

然后将用户的内容推荐给对这类标签作品感兴趣的观众。在这种个性化的流量机制下，不仅提升了拍摄者的积极性，而且也增强了观众的用户体验。

例如，某个平台上有 100 个用户，其中有 50 个人都对美食感兴趣，但还有 50 个人不喜欢美食短视频。此时，如果你刚好是拍美食的账号，但却没有做好账号定位，平台没有给你的账号打上"美食"这个标签，此时系统会随机将你的视频推荐给平台上的所有人。这种情况下，你的视频作品被用户点赞和关注的概率就只有 50%，点赞率过低会被系统认为内容不够优质，而不再给你推荐流量。

相反，如果你的账号被平台打上了"美食"的标签，此时系统不再随机推荐流量，而是精准推荐给喜欢看美食内容的那 50 个人。这样，你的视频获得的点赞和关注的比例就会更高，从而获得系统给予更多的推荐流量，让更多人看到你的作品，并喜欢上你的内容。因此，对于短视频的运营者来说，账号定位非常重要，下面笔者总结了一些账号定位的相关技巧，如图 2-29 所示。

图 2-29

2.5.2 巧妙植入商品

在视频场景或情节中引出商品，这是非常关键的一步，这种软植入方式能够让营销和内容完美融合，让人印象颇深，相关技巧如图 2-30 所示。

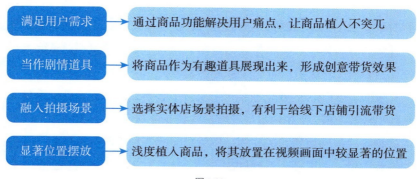

图 2-30

简单而言，归纳当前短视频的商品植入形式，大致包括台词表述、剧情题材、特写镜头、场景道具、情节捆绑、角色名称、文化植入和服装提供等，手段非常多，不一而足，运营者可以根据自己的需要选择合适的植入方式。

2.5.3 突出商品功能

每个商品都有其独特的质感和表面细节，运营者在拍摄的短视频中成功地表现这种质感细节，可以大大地增强商品的吸引力。同时，在视频中展现商品时，运营者可以从功能用途上找突破口，展示商品的神奇用法。

视频中的商品一定要真实，必须符合用户的视觉习惯，最好真人试用拍摄，这样更有真实感，可以增加用户对你的信任。除了简单地展示商品本身的"神奇"功能之外，还可以"放大商品优势"，即在已有的商品功能上进行创意表现。

2.5.4 吸引用户注意

对于短视频来说，如何在第一时间吸引用户注意，是运营者需要思考的问题。运营者可以从话题出发，其作用是让用户能搜索、能点击，最终进入店铺完成下单行为。话题的目的主要是为了获得更高的搜索排名、更好的客户体验、更多的免费有效点击量。

在设计短视频的文案内容时，话题的准确性决定你的视频是否能给用户足够的点击理由。下面是短视频话题要注意的几个关键点。

- ❖ 你要写给谁看——用户定位。
- ❖ 他的需求是什么——用户痛点。
- ❖ 他的顾虑是什么——打破疑虑。
- ❖ 你想让他看什么——展示卖点。
- ❖ 你想让他做什么——吸引点击。

运营者不仅要紧抓用户需求，而且要用精练的文案表达提升话题的点击率，切忌絮絮叨叨和毫无规律地罗列堆砌相关卖点，如图 2-31 所示。

图 2-31

2.5.5 文案踩中痛点

短视频的文案相当重要，只有踩中用户痛点的文案才能吸引他们去了解视频中的商品，促使他们完成下单行为。运营者可以多参考抖音平台中的同款短视频，找到一些与自己要带货的商品特点相匹配的文案，这样能够提升创作效率。

图2-32为水果茶的短视频，视频中采用"如果跟我一样不喜欢喝白开水""酸酸甜甜的不仅好喝还很健康"的文案直击用户痛点，对不喜欢喝白开水却又想要健康的用户来说，这样的文案就十分吸引人。

图 2-32

另外，运营者还可以在短视频中添加一些"励志鸡汤"的内容元素，并且结合用户的需求或痛点，从侧面凸显商品的重要性，这样的内容容易引起有需求的精准用户产生共鸣，带货效果也非常好。

02　拍摄篇

Chapter 03

拍摄：
获得更好的观赏效果

　　短视频想要获得好的观赏效果，需要利用各种镜头和拍摄技巧。而且，短视频的内容再好，如果画面不清晰或不美观，也会使视频的质量大打折扣。本章主要向读者介绍拍摄短视频的多种技巧。

3.1 镜头表达技巧

在拍摄短视频时，运营者也需要在镜头的角度、景别及运动方式等方面下功夫，掌握更加专业的运镜手法，能够更好地突出视频的主体和主题，让用户的视线集中在商品对象上，同时让视频画面更加生动，更有画面感。

3.1.1 商品运镜方式

拍摄镜头包括两种常用类型，分别为固定镜头和运动镜头。固定镜头是指在拍摄短视频时，镜头的机位、光轴和焦距等都保持固定不变，适合拍摄主体有运动变化的对象，如360°旋转商品、展示商品用途和特色等画面。

图 3-1 为采用固定镜头拍摄的玻璃沙拉碗的展示视频，固定镜头的拍摄形式能够将商品各方面的特点完整地记录下来。

图 3-1

运动镜头则是指在拍摄的同时不断地调整镜头的位置和角度，也可以称为移动镜头。在拍摄形式上，运动镜头比固定镜头更加多样，常见的运动镜头包括推拉运镜、横移运镜、摇移运镜、甩动运镜、跟随运镜、升降运镜及环绕运镜等。运营者在拍摄短视频时熟练使用这些运镜方式，可以更好地突出画面细节和表达主题内容，从而吸引更多用户关注你的商品。

图 3-2 为采用横移运镜的方式拍摄的化妆镜短视频。横移运镜是指拍摄时镜头按照一定的水平方向移动，可以更好地展现空间关系，并能扩大画面的空间感。

图 3-2

图 3-3 为采用下降运镜的方式拍摄的发簪短视频。下降运镜是指镜头的机位朝向下方向运动，从不同方向的视点拍摄要表达的场景。

图 3-3

特别提醒　运镜的基础是稳定,不管运营者是用手机,还是用相机或者摄像机,在拍摄时都要保持器材的稳定,这是获得优质画面的基础。建议大家在采用运镜手法拍摄短视频时,使用稳定器固定拍摄设备,避免画面因抖动而模糊。

3.1.2　商品镜头语言

镜头语言是指将镜头作为一种语言表达方式,在视频中展现拍摄意图。根据景别和视角的不同,镜头语言的表达方式也千差万别。对于短视频的拍摄来说,虽然发挥的空间有限,但拍摄者的创意可以是无限的,好的镜头语言离不开好的想法,因此在拍摄商品时最重要的是运营者的想法。

下面以拍摄一款炒锅商品为例,看看它在镜头语言方面有哪些创意。该视频的脚本主要分为"外观展示＋细节展示＋使用方法展示"3 个部分。需要注意的是,在策划炒锅短视频的脚本时,需要抓住炒锅的多种功能,展现详细的使用方法,并展示使用后的效果。

(1) 外观展示。视频首先展示了炒锅的整体外观,采用从中景镜头到全景镜头的方式,并选用了厨房作为背景进行搭配展示,从而更好地突出炒锅的外观,也让视频画面看上去更加干净清晰,如图3-4所示。

图 3-4

(2) 细节展示。接下来展示炒锅的细节特征,采用近景镜头+特写镜头的方式,突出了炒锅的材质细节和容量大小,抓住用户关注的卖点,更好地吸引用户购买,如图3-5所示。

图 3-5

(3)使用方法展示。采用运动镜头的方式拍摄使用炒锅烹饪食物的具体过程,突出炒锅多种用途的卖点,不会让整个视频显得太空洞,同时抓住用户购买炒锅最直接的目的,直击用户痛点,刺激用户下单,如图 3-6 所示。

图 3-6

下面解析这段炒锅短视频的拍摄技巧。

(1)做好准备工作。准备好相应的食材,确保食材新鲜干净、色彩鲜艳,这样做出的成品效果也会更好。

(2)多用中景镜头。使用中景镜头可以更好地展示商品表面的外观特征,并巧妙地搭配各种镜头景别、拍摄角度和运镜方式,使商品的外形、材质和优点得到充分的展现,如图 3-7 所示。

(3)光线自然、生动。好的光线效果可以让商品在视频画面中更有表现力,不仅可以明确刻画炒锅所烹饪的食物形状,还能营造独特的影调气氛。

图 3-7

3.1.3 增强视频感染力

在拍摄短视频时,运用近景、全景、远景、特写等景别,可以让画面中的情节叙述和感情表达等更具有表现力。例如,远景镜头可以更加清晰地展现商品的外观和应用场景,更好地表现视频拍摄的时间和地点。

另外,就拍摄静物短视频而言,比各种拍摄角度更重要的是画面内一定要有运动的元素,如果固定拍摄角度,将商品放在拍摄台上一动不动,这样拍出来的视频和照片没有任何区别。因此,运营者在拍摄短视频时,一定要让画面运动起来,从而增强视频的感染力,下面介绍一些具体的拍摄方法。

(1)镜头运动,商品不动。这是最简单的运镜方式,只需要将商品放好,然后用手持或稳定器移动镜头,这种运镜方式比较基础,但效果非常好,如图 3-8 所示。

第 3 章 拍摄：获得更好的观赏效果

图 3-8

（2）固定镜头，移动商品。移动商品的方法非常多，例如自动旋转的拍摄台，或者将商品放在一块布上，然后轻轻拉动布移动商品，也可以直接用手移动商品，如图 3-9 所示。

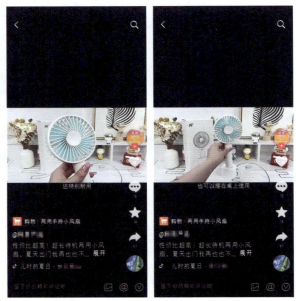

图 3-9

057

(3)灯光移动。在一些手机和汽车相关的短视频中,通常可以看到大量的灯光移动效果,从而在商品表面产生丰富的光影变化,如图 3-10 所示。

(4)在画面中添加动感元素。动感元素的类型很多,例如利用电子烟可以创造烟雾效果,或者用喷水壶制作水雾效果、泡泡机制作吹泡泡效果,图 3-11 为泡泡机吹泡泡的视频,画面中的泡泡即为视频的动感元素。当然,运营者可以充分发挥自己的想象力,大胆地进行尝试,通过后期添加动感元素。

图 3-10　　　　　　　　　　图 3-11

3.2　商品拍摄技法

在"电商时代"早期,用户通常只能通过图文信息了解商品详情,而如今视频已经成为商品的主要展示形式。对于运营者来说,在进行店铺装修或者商品上架之前,首先要拍一些好看的短视频,画面要漂亮,更要真实,还要能够勾起用户的兴趣,这就对摄影师提出了一定的要求。本节主要介绍不同短视频的拍摄技法,帮助大家轻松拍出爆款短视频。

3.2.1 拍摄综合型商品

综合型商品是指兼具外观和功能特色于一体的商品,因此在拍摄这类商品时需要兼顾两者的特点,既要拍摄商品的外观细节,同时也要拍摄其功能特点,并且还需要贴合商品的使用场景充分展示其使用效果。

如果是生活中经常用到的商品,则最好选择生活场景作为拍摄环境,这样就很容易与用户产生共鸣。

例如,手机就是典型的综合型商品,不仅外观非常重要,丰富的功能也是吸引消费者的一大卖点。图 3-12 为 vivo S10 Pro 手机的短视频,首先通过推移镜头作为片头开场,展示手机的整体外观;接着全方位地展现手机的局部细节;最后分别展现该手机的功能特点。

图 3-12

3.2.2 拍摄外观型商品

在拍摄外观型商品时,重点展现商品的外在造型、图案、颜色、结构、大小等外观特点,建议拍摄思路为"整体→特写→特点→整体"。

图 3-13 为文具盒短视频,先拍摄多个文具盒放在一起的整体外观,然后拍摄文具盒的局部细节和特写镜头,接着拍摄文具盒的功能特点,最后从不同角度再次展现文具盒的整体外观。

图 3-13

拍摄外观型商品时，如果商品需要完整出镜，还可以增加商品使用场景的镜头，展示商品的使用效果，如图 3-14 所示。需要注意的是，商品的使用场景一定要真实，很多用户都是"身经百战"的网购达人，什么是真的，什么是假的，他们一眼就能分辨出来，而且这些人往往都是本商品长期的消费群体，运营者一定要把握住这群人。

图 3-14

3.2.3 拍摄功能型商品

功能型商品通常具有一种或多种功能，能够解决人们生活中遇到的难题，因此拍摄短视频时应将重点放在这些功能和特点的展示上，建议拍摄思路为"整体外观→局部细节→核心功能→使用场景"。

例如，下面这个破壁机的短视频，先拍摄它的整体外观，然后拍摄局部细节和材质，接着通过特写镜头演示各种核心功能，并拍摄使用场景和制作的美食成品效果，如图 3-15 所示。

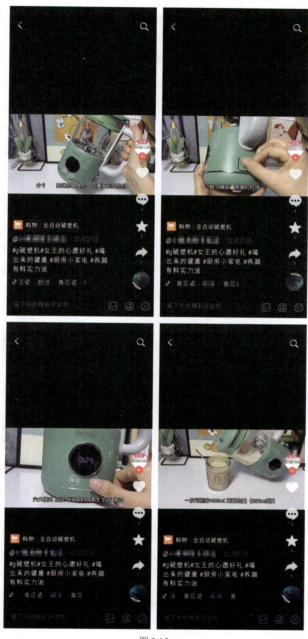

图 3-15

另外，有条件的运营者也可以自建美工团队或利用外包制作 3D 动画类型的功能型短视频，更加直观地展示商品的功能。

3.2.4 拍摄不同材质的商品

对于不同材质的商品，在拍摄视频时采用的方法也有区别，下面分别介绍透明体商品、吸光体商品、反光体商品的拍摄技法。

1. 拍摄透明体商品

透明的玻璃和塑料等材质的商品都是透明体商品。在拍摄这类短视频时，可以采用高调或低调的布光方法。

（1）高调：使用白色的背景，同时使用背光拍摄，使商品的表面看上去更加简洁、干净，如图 3-16 所示。

（2）低调：使用黑色的背景，同时用柔光箱从商品两侧或顶部打光，或者在两侧安放反光板，勾画商品的线条，如图 3-17 所示。

图 3-16　　　　　　　　图 3-17

2. 拍摄吸光体商品

衣服、食品、水果和木制品等商品大都是吸光体，比较明显的特点就是它们的表面粗糙、不光滑，颜色稳定、统一，视觉层次感比较强。因此，在拍摄这类商品的短视频时，通常以侧光或者斜侧光的布光形式为主，光源最好采用较硬的直射光，这样能够更好地体现商品原本的色彩和层次感，如图 3-18 所示。

图 3-18

3. 拍摄反光体商品

反光体商品与吸光体刚好相反，它们的表面通常都比较光滑，具有非常强的反光能力，例如金属材质的商品、没有花纹的瓷器、塑料制品及玻璃商品等，如图 3-19 所示。

图 3-19

特别提醒：在拍摄反光体商品短视频时，需要注意商品上的光斑或黑斑，可以利用反光板照明，或者采用大面积的灯箱光源照射，尽可能地让商品表面的光线更加均匀，保持色彩渐变的统一性，使其看上去更加真实、美观。

3.2.5 美食商品拍摄

美食商品的类型非常多，不同类型的美食商品拥有不同的外观、颜色和质感，因此拍摄方法也不尽相同。水果与蔬菜等是比较容易拍摄的美食商品，运营者可以通过巧妙的布局和画面的构图，以及光影和色彩的处理，展现商品的强烈质感。

例如，拍摄水果的重点在于表现水果的新鲜和味道的甜美，可以直接拍摄水果的采摘过程和试吃体验，如图 3-20 所示。在拍摄熟食商品时，运营者可以增加一些陪体装饰物，让主体不会显得太单调，如图 3-21 所示。

图 3-20

图 3-21

另外,在拍摄菜肴时,常常将它作为主角,其实桌布、餐垫、餐具这些元素也是不可或缺的元素,不仅可以帮助运营者更好地构图,同时还可以营造一种温馨的画面氛围,让拍摄的美食短视频更加吸引用户注意力。

3.2.6 人像模特拍摄

在拍摄人像视频时,一定要注意引导模特的动作和姿势,例如笑容、眼神的交流、撩动秀发的手势等,如图 3-22 所示。

图 3-22

当然,也有很多人对自己的长相不自信,在拍视频时放不开,此时也可以拍摄模特不露脸的视频,如图 3-23 所示。

通常在拍摄模特的侧面时,模特的神态和动作更自然。因此,可以让模特靠在椅子上,抬头望向上方,这样不仅可以捕捉模特面部最立体的仰头幅度,同时还能够凸显画面的情感基调。

图 3-23

在室内或摄影棚拍摄人像的全景画面时,需要尽可能选择空间广阔的环境,这样不仅可以方便模特摆好姿势,同时也可以让摄影师更好地构图取景。另外,还要保持拍摄环境的整洁,将各种装饰物品摆放在合理的位置,从而更好地衬托人物主体,如图 3-24 所示。

要拍出有故事感的模特视频,需要用画面讲述故事和感染观众。要做到这一点,画面就必须有明确的主题,拍摄场景也要连贯,人物的情绪和服装配饰都要准确恰当。

在人像视频中,主体人物是画面中的"灵魂",场景和服饰则是"躯壳",没有场景的画面通常是非常空洞的。在室外拍摄模特视频时,场景的主要作用是衬托人物,因此最主要的原则就是"化繁为简",也就是说背景要尽可能地简单干净,不能过于喧宾夺主。

第 3 章 拍摄：获得更好的观赏效果

图 3-24

3.3 商品拍摄注意事项

随着短视频的流行，抖音平台的商品介绍越来越倾向用视频呈现，而且视频的转化率要比纯图片更高。不过，短视频并不是随便拍拍就行的，在商品拍摄过程中，运营者要注意拍摄商品的注意事项，保证视频的质量，让更多的用户被视频中的商品所吸引。本节将从选择拍摄场景、拍摄现场光线、背景表达氛围、体现商品价值和注意拍摄顺序 5 个方面进行介绍。

3.3.1 选择拍摄场景

很多时候，用户在看到短视频时，会将视频中的人物想象成自己，自己用着视频中的商品，会是一个怎样的感受。因此，短视频的拍摄场景非常重要，合适的场景可以让用户产生身临其境的画面感，进一步刺激用户对商品下单的欲望。除了合适的场景搭配外,还需要让模特与场景互动起来,从而让商品完全融入场景,这样拍出来的视频效果更有吸引力。

图 3-25 为一款防滑、耐磨的跑鞋,这类商品适合在户外场景中拍摄,可以让模特穿着鞋子在户外或者山路、石路等路况较差的地方穿行,让用户产生一种亲身体验的感觉。

图 3-25

如果是皮鞋的话,这种场景就不太适合了,应尽量选择在办公室等室内场景,或者在非常"白领化"的一些场景中拍摄。不同的鞋有不同的场景需求,如果将商品放到不搭调的场景中拍摄,用户看着就觉得很别扭,无法将商品带入这个情景。因此,运营者一定要选择适合商品的场景作为拍摄视频的背景。

3.3.2 拍摄现场光线

运营者在拍摄短视频时,拍摄环境中的光线一定要充足,才能更好地展现商品。图3-26为拍摄绿植的短视频，将墙壁作为背景，采用散射光＋顶光拍摄，让光线变得更加柔和明亮，可以让绿色的植物色彩显得更加通透且有层次感。

图 3-26

光线较暗时，建议使用补光灯对商品进行补光，同时注意不要使用闪烁的光源。如图3-27所示，拍摄的是玉镯短视频，采用古色古香的木质背景，同时用顶光对商品打光，可以形成明暗对比，让商品主体更突出。

图 3-27

3.3.3 背景表达氛围

在拍摄短视频时,运营者可以根据视频的内容布置镜头内的场景,尽可能地营造吸引用户的氛围。

如图3-28所示,在这个水壶短视频中,选择桌子和墙作为拍摄背景,同时布置了水杯、花束等作为辅助道具,营造居家的氛围感,让视频画面显得十分温馨。

图 3-28

3.3.4 体现商品价值

在拍摄短视频之前,运营者要先确定自己的拍摄思路,即通过什么样的方式拍摄,才能在视频中更好地呈现商品的价值。运营者可以从两个方面构思,一是通过剧本场景,二是通过小故事的方式进行拍摄。对于品牌商品来说,还可以在视频中加入一些品牌特性。

如图 3-29 所示，通过亲子互动剧本场景的拍摄方式，展现儿童益智棋的玩法，将商品的使用场景完全融入用户的日常生活中。

图 3-29

当然，不管运营者如何构思，短视频中都要体现商品的价值和用户体验，拍摄的视频需要贴近用户的日常生活，让他们产生看得见和摸得着的体验，这就是最直接的拍摄技巧。

3.3.5 注意拍摄顺序

对于短视频中的商品展示，运营者可以拍摄 5 组镜头，依照顺序分别为"正面→侧面→细节→功能→场景"。下面分别解析各组镜头的拍摄要点。

（1）正面：通过正面角度可以更好地描述商品的整体，呈现商品给人带来的第一印象。

（2）侧面：通过不同的侧面，如左侧、右侧、背后、顶部、底部等角度，完整地展示商品。

（3）细节：商品上重要的局部细节可以先展示出来，从而更有效地呈现商品的特点和功能。

（4）功能：逐个演示商品的具体功能，让商品与用户产生联系，解决用户的难点、痛点。

（5）场景：将商品放在适合的环境中，进一步展示它的功能特点和使用体验，场景感越强，带货效果越好。

Chapter 04

构图：
拍出更高品质的
视频

在拍摄短视频时，运营者可以通过适当的构图方式和光线类型，将自己的主题思想和创作意图展现出来，从而创造更出色的视频画面效果。本章将介绍短视频的构图和打光技巧，帮助大家拍出更高品质的视频。

4.1 短视频的构图技巧

构图是指通过安排各种物体和元素，实现主次分明的画面效果。在拍摄短视频时，运营者需要对画面中的主体进行适当的摆放，使画面更有美感和冲击力，这就是构图的作用。

因此，运营者在拍摄短视频的过程中，要对拍摄主体进行构图，只有遵循了构图原则，才能使拍摄的视频更富有美感，更吸引用户的眼球。

4.1.1 构图的基本原则

构图最初是绘画中的专有术语，后来广泛应用于摄影和平面设计等视觉艺术领域。成功的短视频，大多拥有严谨的构图方式，使得画面重点突出、条理清晰、赏心悦目。图4-1为短视频构图的基本原则。

短视频构图的基本原则：
- 突出商品的卖点和优势，刺激用户对其产生兴趣
- 更好地展示商品logo，让用户逐步认识你的品牌
- 进一步丰富视频的效果，避免拍出单调、呆板的画面
- 避免线条过于凌乱，让画面看上去更加干净、整洁
- 对商品和道具进行布局，同时为文字排版留出空间

图4-1

4.1.2 视频的画幅选择

画幅是指视频的取景画框样式，通常包括横画幅、竖画幅和方画幅3种。画幅是影响短视频构图取景的关键因素，运营者在构图前要先决定好视频的画幅。

第 4 章　构图：拍出更高品质的视频

横画幅就是将手机横着或相机水平持握拍摄，然后通过取景器取景。因为人眼的水平视角比垂直视角大，因此横画幅的短视频在大多数情况下会给观众一种自然舒适的视觉感受，同时可以让视频画面的还原度更高，如图 4-2 所示。

图 4-2

竖画幅就是将手机或相机竖着持握拍摄，拍出来的视频画面有向上延伸的感觉，比较适合拍摄具有高大、平远及前后对比等特点的短视频，如图 4-3 所示。

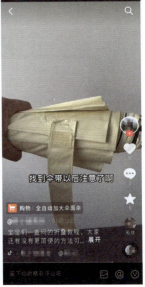

图 4-3

077

方画幅的画面比例为 1:1，能够缩小视频画面的观看空间，这样观众无须移动视线去观看全部画面，从而更容易抓住视频中的主体对象，如图 4-4 所示。

图 4-4

> **特别提醒**　如果运营者要用手机拍出方形构图的视频画面，通常需要借助一些视频拍摄软件，如美颜相机、小影、VUE Vlog、轻颜相机及无他相机等。

4.1.3 展现商品的特色

拍摄短视频时，运营者可以运用各种镜头角度，如平角、斜角、仰角和俯角等，使用不同视角更好地展现商品的特色。

（1）平角：镜头正对拍摄主体，镜头光轴与对象（中心点）齐高，能够更客观地展现拍摄对象的原貌，如图 4-5 所示。

第 4 章 构图：拍出更高品质的视频

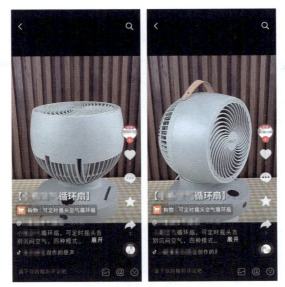

图 4-5

（2）斜角：在拍摄时将镜头倾斜一定的角度，从而产生透视变形的画面失调感，让视频画面显得更加立体，如图 4-6 所示。

图 4-6

（3）仰角：采用低机位仰视的拍摄角度，让拍摄对象显得更高大，同时可以让视频画面更有代入感，如图 4-7 所示。

图 4-7

（4）俯角：采用高机位俯视的拍摄角度，可以让拍摄对象看上去更弱小，同时能够充分展示主体的全貌。用俯角镜头拍摄的模特视频，不仅显得模特的脸部更瘦，而且还更容易传递画面的情感。

4.1.4 视频的构图形式

对于短视频，构图形式是整体画面效果的基础，再加上光影的表现、环境的搭配和商品本身的特点，可以使短视频大放异彩。下面介绍短视频的一些基本构图形式。

1. 中心构图

中心构图是把视频主体置于画面正中间进行取景，最大的优点在于主体突出、明确，画面可以达到上下左右平衡的效果，用户的视线会自然而然地集中到商品主体上，如图4-8所示。

图 4-8

2. 三分构图

三分构图是指将画面用两横或两竖的线条平均分割成三等分，将商品放在某一条三分线上，让商品更突出、画面更美观，如图4-9所示。

图 4-9

3．对角线构图

对角线构图是指将商品放在画面中两个对角的对角线上，对角线上的物体可以是主体，也可以是辅体，关键是形成了对角的一种线条延伸感，让画面富有动感，牵引着人的视线，还可以产生一种代入感，如图 4-10 所示。

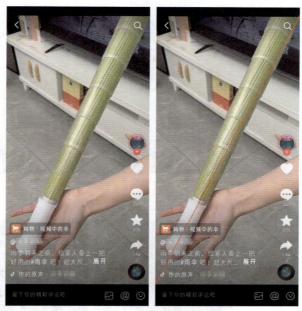

图 4-10

4．三角构图

三角构图是指画面中有 3 个视觉中心，或者用 3 个点安排景物构成一个三角形，这样拍摄的画面极具稳定性。三角构图包括正三角形（坚强、踏实）、斜三角形（安定、均衡、灵活性）、倒三角形（明快、紧张感、有张力）等不同形式。

如图 4-11 所示，视频中玻璃碗的位置在画面中刚好形成了一个三角形，在创造平衡感的同时还能够为画面增添更多动感。需要注意的是，这种三角构图法一定要自然而然，使构图和视频仿佛融为一体，而不能刻意为之。

5. 散点式构图

散点式构图是指将一定数量的商品重复散落在画面中，使它们看上去错落有致、疏密有度，而且疏中存密、密中见疏，从而产生丰富、宏观的视觉感受。

图 4-11

如图4-12所示，左图运用散落的摆放方式，右图则运用不同的大小和疏密相间的摆放方法，并且适当地相连和交错摆放，更加美观，而且主次分明，画面显得非常紧凑。

图 4-12

6. 远近结合构图

远近结合构图是指运用远处与近处的对象，进行距离或大小的对比，以此来布局画面元素。在实际拍摄时，需要拍摄者匠心独具，找到远近可以进行对比的物体对象，然后从某一个角度切入拍摄，可以产生更强的空间感和透视感。

图 4-13 为砂糖小蜜橘的短视频，利用远近结合构图法从不同的角度和距离展示商品，同时利用大光圈将远处的商品虚化，让画面层次感更强，主体特征更加明显。

图 4-13

7. 明暗相间构图

明暗相间构图，顾名思义，就是通过明暗对比来取景构图，布局画面，从色彩角度让短视频的画面具有不一样的美感。图 4-14 为透明茶杯的短视频，将直射光源照在商品主体上，以深色为背景，烘托明亮的主体。

第 4 章 构图：拍出更高品质的视频

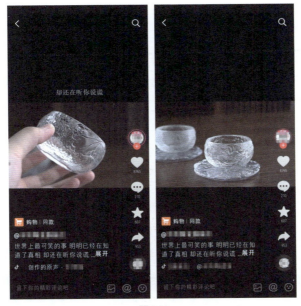

图 4-14

8. 微距构图

微距构图是指利用微距镜头或近距离拍摄的方式，突出商品的局部细节特征，让用户感受到商品带来的视觉冲击感，如图 4-15 所示。

图 4-15

4.1.5 进阶构图技巧

好的构图可以让短视频的拍摄事半功倍,构图的技巧很多,即使是同款商品也可以在构图上产生差异,从而让短视频在同类中更亮眼。下面重点介绍一些短视频的进阶构图技巧。

1. 核心是突出主体

简单来说,构图就是安排镜头下各个画面元素的一种技巧,通过将模特、商品、文案等进行合理的安排和布局,更好地展现运营者想要表达的主题,或者使画面看上去更加美观、有艺术感。

如图 4-16 是采用左右对称构图的方式,使画面的布局更平衡,展示不同颜色商品的上身效果,商品主体十分突出。

图 4-16

主体就是视频拍摄的主要对象,可以是模特或商品,是主要强调的对象,拍摄主题应该围绕主体进行展开。运营者可以通过构图这种简单有效的方法,达到突出短视频的画面主体、吸引用户视线的目的。

2. 选择陪体、前景和背景

很多优秀的短视频中都有明确的主体,这个主体就是主题中心,而陪体就是在视频画面中起到烘托主体作用的元素。陪体对主体的作用非常大,不仅可以丰富画面,还可以更好地展示和衬托主体,让主体更加有美感,对主体起到解释说明的作用。

图 4-17 为日式餐具的短视频,餐具中的食物作为陪体衬托餐具,不仅能够更好地演示商品主体的功能,还可以起到装饰作用,让画面显得不那么单调。

图 4-17

从严格意义上来说,环境和陪体非常类似,主要是在画面中对主体起到解释说明的作用,包括前景和背景两种形式,可以加强用户对视频的理解,让主体更加清晰明确。

前景通常是指位于被摄主体前方,或者靠近镜头的景物。背景通常是指位于主体对象背后的景物,可以让主体的存在更加和谐、自然,同时还可以对主体所处的环境、位置、时间等做一定的说明,更好地突出主体、营造画面氛围。

图 4-18 为光遇水培瓶短视频,居家环境作为花瓶短视频的拍摄背景,让画面具有极强的真实感。

图 4-18

3. 特写局部细节

每个商品都有自己独特的质感和细节,在拍摄的视频中成功地表现这种质感细节,可以极大地增强画面的吸引力。我们可以换位思考,将自己比作用户,在购买心仪的物品时,肯定会反复浏览,查看细节,与同类商品进行对比,选择性价比高的商品。

商品细节是决定用户下单的重要驱动,必须将商品的每一个细节部位都拍摄清楚,打消用户的疑虑。如图 4-19 所示,在拍摄女包短视频时,采用特写镜头的方式拍摄商品的细节特点。

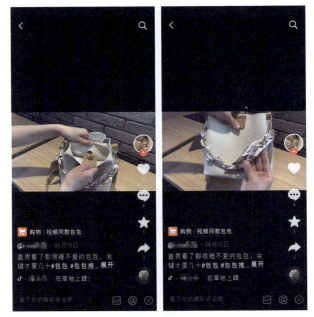

图 4-19

当然,不排除也有很多不注重细节的用户,他们也许不会仔细查看商品的细节特点,只是简单地看一下价格和基本功能,觉得合适就马上下单。对于这些用户,可以将商品最重要的特点和功能拍摄下来,在短视频中展现,让他们快速看到商品的优势,促进用户下单。

4.2 打光的基础知识

虽然短视频的拍摄门槛不高,但是好的短视频不是轻易就可以拍出来的,除了构图外,打光也是非常重要的一个环节,只有打光处理得好,才能拍出优秀的短视频。摄影可以说就是光的艺术表现,如果想要拍出好作品,必须要把握最佳影调,抓住瞬息万变的光线。

4.2.1 光线质感和强度

以光线的质感区分,画面影调可以分为粗犷、柔和和细腻等;从光线强度上区分，画面影调可以分为高调、中间调和低调。对于短视频来说，影调的控制也是相当重要的，不同的影调可以给人带来不同的视觉感受，是短视频拍摄时常用的情绪表达方式。

（1）粗犷的画面影调的主要特点：明暗过度非常强烈，画面中的中灰色部分面积比较小，基本上不是亮部就是暗部，反差非常大，可以形成强烈的对比，画面视觉冲击力强。

（2）柔和的画面影调的主要特点：在拍摄场景中几乎没有明显的光线，明暗反差非常小，被摄物体也没有明显的暗部和亮部，画面比较朦胧，给人的视觉感受非常舒服，如图 4-20 所示。

图 4-20

（3）细腻的画面影调的主要特点：画面中的灰色占主导地位，明暗层次感不强，但比柔和的画面影调要稍好一些，而且也兼具了柔和的特点。通常要拍出细腻的画面影调，可以采用顺光、散射光等光线。

（4）高调的画面光影的主要特点：画面中以亮调为主导，暗调占据的面积非常小，或者几乎没有暗调，色彩主要为白色、亮度高的浅色及中等亮度的颜色，画面看上去很明亮、柔和，如图 4-21 所示。

第 4 章 构图：拍出更高品质的视频

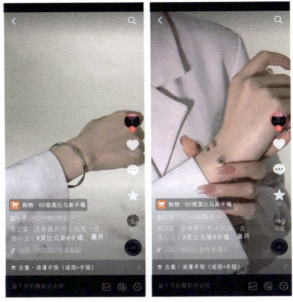

图 4-21

（5）中间调的画面光影的主要特点：画面的明暗层次、感情色彩等都非常丰富，细节把握也很好，不过其基调不明显，可以用来展现独特的影调魅力，能够很好地体现商品的细节特征，如图 4-22 所示。

图 4-22

（6）低调的画面光影的主要特点：暗调为画面的主体影调，受光面非常小，色彩主要为黑色、低亮度的深色及中等亮度的颜色，在画面中留下大面积的阴影，呈现深沉的画面风格，给用户带来深邃、凝重的视觉效果，如图 4-23 所示。

图 4-23

4.2.2 理解光源的类型

不管是阴天、晴天、白天、黑夜，都存在光影，拍摄视频要有光，更要用好光。下面介绍 3 种不同的光源，分别是自然光、人造光、现场光的相关知识，让大家认识这 3 种常见的光源，学习运用这些光源让短视频的画面更加丰富。

1．自然光

自然光是指大自然中的光线，通常来自太阳的照射，是一种热发光类型。自然光的优点在于光线比较均匀，照射面积也非常大，通常不会产生有明显对比的阴影。自然光的缺点在于光线的质感和强度不够稳定，会受到光照角度和天气因素的影响。

如图 4-24 所示，利用日光作为整个视频画面的光源进行拍摄，这种直射光线的特质是光质较硬，可以拍出最真实的画面感。

图 4-24

2．人造光

人造光是指利用各种灯光设备产生的光线效果，比较常见的光源类型有白炽灯、日光灯、节能灯及 LED（light emitting diode，发光二极管）灯等，优、缺点如图 4-25 所示。人造光的主要优势在于可以控制光源的强弱和照射角度，从而完成一些特殊的拍摄要求，增强画面的视觉冲击力。

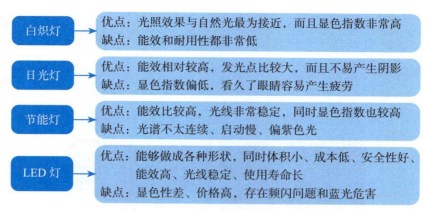

图 4-25

3. 现场光

现场光是利用拍摄现场中存在的各种已有光源拍摄短视频,例如路灯、建筑外围的灯光、舞台氛围灯、室内现场灯及大型烟花晚会的光线等,这种光线可以更好地传递场景中的情调,真实感很强。但需要注意的是,运营者在拍摄时需要尽可能地找到高质量的光源,避免画面模糊。

4.2.3 用反光板控制光线

在室外拍摄模特或商品时,很多人会先考虑背景,其实光线才是首要因素,如果没有好的光线照到模特或商品上,再好的背景也是没用的。反光板是摄影中常用的补光设备,通常有金色和银色两种颜色,作用也各不相同,如图 4-26 所示。

金色:产生较为明亮的暖色调光,一般用于阳光的逆光拍摄,减少背景到前景的曝光差

银色:产生较为明亮的光,是常用的一种反光板

图 4-26

反光板的反光面通常采用优质的专业反光材料制作而成,反光效果均匀。骨架则采用高强度的弹性尼龙材料,轻便耐用,可以轻松折叠收纳。另外,运营者还可以选购可伸缩的反光板支架,能够安装各类反光板,而且还配有方向调节手柄,可以配合灯架使用,根据需要调节光线的角度,如图 4-27 所示。

图 4-27

银色反光板表面明亮且光滑,可以产生更为明亮的光,很容易映现到模特的眼睛里,从而拍出大而明亮的眼神光效果。在阴天或者顶光环境下,可以直接将银色反光板放在模特的脸部下方,让反光板刚好位于镜头的视场之外,将顶光反射到模特脸上。

与银色反光板的冷调光线不同的是,金色反光板产生的光线偏暖色调,通常可以作为主光使用。在明亮的自然光下逆光拍摄模特时,可以将金色反光板放在模特侧面或正面稍高的位置处,将光线反射到模特的脸上,不仅可以形成定向光线效果,而且还可以防止背景曝光过度。

4.3 巧用光线表现商品

光线是短视频拍摄中非常重要的元素,能够为画面增添更多的魅力。运营者可以寻找和利用拍摄环境中的各种光线,在镜头画面中制造光影感、层次感与空间感,让短视频的效果更加迷人。

4.3.1 白平衡展示真实感

白平衡,字面的理解是白色的平衡,但实际核心是色温的变化。不同的场景下,物体颜色因投射光线颜色产生改变。相机或手机毕竟只是机器,有时无法准确地判断当时的光线,造成画面偏色,这时就需要利用"白平衡"功能手动校色,还原画面最原本的颜色。

在拍摄复杂光线的时候,由于环境光线的增加,对拍摄设备的测光系统是极大的考验。使用自动白平衡时,经常会出现白平衡不准确的情况,称为"白平衡漂移"。这时应该打开"白平衡"设置,调节白平衡范围。

自动白平衡模式可以比较准确地还原画面的色彩,不过容易产生偏色的情况。阳光白平衡适合晴朗的天气下进行户外拍摄,色温非常温和,色彩还原度高,接近肉眼观看效果。

钨丝灯白平衡模式通常用于室内灯光照明的拍摄环境,可以营造冷色调的效果。白色荧光灯白平衡模式适合在日光灯环境下使用,同样可以营造冷色调效果,如图 4-28 所示。

图 4-28

阴天白平衡模式适合在阴天或者多云的天气下使用，可以使环境光线恢复正常的色温效果，得到精准的色彩饱和度，营造一种泛黄的暖色调效果。

4.3.2 不同方向光线的特点

顺光就是指照射在被摄对象正面的光线，光源（以太阳为例）的照射方向和相机的拍摄方向基本相同，其主要特点是受光非常均匀，画面比较通透，不会产生非常明显的阴影，而且色彩也非常亮丽，如图 4-29 所示。

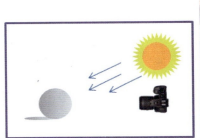

图 4-29

侧光是指光源的照射方向与相机拍摄方向呈 90°左右的直角状态，被摄对象受光源照射的一面非常明亮，另一面则比较阴暗，画面的明暗层次感非常分明，可以体现一定的立体感和空间感，如图 4-30 所示。

前侧光是指从被摄对象的前侧方照射过来的光线，同时光源的照射方向与相机的拍摄方向形成 45°左右的水平角度，画面的明暗反差适中，立体感和层次感都很不错，如图 4-31 所示。

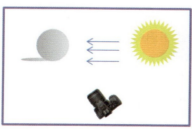

图 4-30

图 4-31

逆光是指从被摄对象的后面正对着镜头照射过来的光线，可以产生明显的剪影效果，从而展现被摄对象的轮廓线条，如图 4-32 所示。

顶光是指从被摄对象顶部垂直照射下来的光线，与相机的拍摄方向形成 90°左右的垂直角度，主体下方会留下比较明显的阴影，往往可以体现立体感，同时可以体现上下层次分明的关系，如图 4-33 所示。

底光是指从被摄对象底部照射过来的光线，也称为脚光，通常为人造光源，容易形成阴险、恐怖、刻板的视觉效果，如图 4-34 所示。

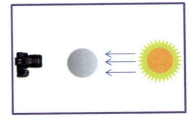

图 4-32

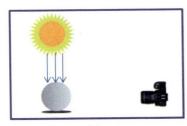

图 4-33

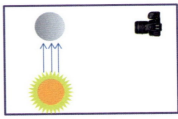

图 4-34

4.3.3 经典的电商布光

通常，短视频大多采用比较经典的三点布光法，如图 4-35 所示。

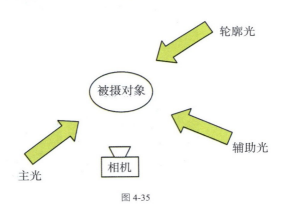

图 4-35

（1）主光：用于照亮商品主体和周围的环境。

（2）辅助光：通常其光源强度要弱于主光，主要用于照亮被摄对象表面的阴影区域，以及主光没有照射到的地方，可以增强主体对象的层次感和景深效果。

（3）轮廓光：主要从被摄对象的后面照射过来，一般采用聚光灯，其垂直角度要适中，主要用于突出商品的轮廓。

> **特别提醒**　在拍摄短视频时，可以配置一盏摄影灯，采用侧逆光的照射角度，然后将反光板放到主光源的对面，这样可以降低拍摄成本。注意，这种方法拍摄的视频同样可以呈现出明暗层次感，但对于主体细节的呈现不到位。

4.3.4　使用日常道具补光

在夜晚或者采光环境比较差的室内拍摄，没有足够的自然光时，运营者可以考虑使用照明灯光或者各种可以补光的道具辅助拍摄，例如室内的灯光、手电筒、手机闪光灯、台灯、白纸或镜子等都可以为商品补光，从而拍出效果比较好的短视频画面。

例如，室内白炽灯的光线通常会偏暖黄色调，可以给人带来非常温暖的画面感，并烘托出宁静和柔美的氛围。图4-36为利用室内灯光拍摄的短视频，画面整体呈暖色调。

图 4-36

4.3.5 拍出免抠无影白底视频

通过抠像换背景的方式制作产品的白底视频非常浪费时间,为了帮助大家摆脱抠像的烦恼,下面教大家如何在前期直接拍出产品的白底视频。

可以购买一些PVC(polyvinyl chloride,聚氯乙烯)材质的白色背景板或纯白色布,如图4-37所示。

图4-37

用夹子把背景板固定在背景架上,同时将背景板铺在桌子上,作为拍摄台使用,如图4-38所示。另外,运营者可以通过光源控制器调节光源亮度,以便随时调节背景的明暗状况,在拍摄产品视频时达到无底影、无阴影、免抠像的效果。

如果是白色布,则可以用无痕钉和夹子固定到墙角处。将钉子敲进墙里,然后用夹子夹住布并挂在钉子上即可,如图4-39所示。

图4-38　　　　图4-39

03　制作篇

Chapter 05

第5章
剪辑：
剪出专业抖音视频

运营者拍摄商品素材后，就要运用剪辑软件将素材制作成有吸引力的短视频，这样才能吸引用户的关注和点击，从而引导他们购买商品。本章主要讲解剪映App的基础剪辑操作和添加音频效果。

5.1 基础剪辑操作

剪映 App 作为抖音官方推出的剪辑软件，凭借其强大的功能和易上手的操作成为运营者制作短视频的优选方案。本节主要介绍剪映 App 中的一些基础剪辑操作，包括片段剪辑、替换素材、视频变速，以及运用"定格"功能和"一键成片"功能制作短视频的操作方法，帮助大家剪辑出优质短视频。

5.1.1 片段剪辑：《飞碟加湿机》

【效果展示】：如果拍摄的视频太长，或录制的视频中有不合适的内容，运营者可以使用剪映 App 中的剪辑功能对视频进行剪辑处理，效果如图 5-1 所示。

扫码看案例效果　　扫码看教学视频

图 5-1

下面介绍在剪映 App 中片段剪辑的具体操作方法。

Step 01　打开剪映 App，在主界面中点击"开始创作"按钮，如图 5-2 所示。

Step 02　执行操作后，进入"照片视频"界面，❶选择素材；❷选中"高清"复选框；❸点击"添加"按钮，如图 5-3 所示。

Step 03　执行操作后，即可将素材添加到视频轨道中，❶拖曳时间轴到相应位置；❷在一级工具栏中点击"剪辑"按钮，如图 5-4 所示。

Step 04　执行操作后，在剪辑二级工具栏中点击"分割"按钮，如图 5-5 所示，对素材进行分割。

Step 05 ❶选择前半段素材;❷在剪辑二级工具栏中点击"删除"按钮,如图5-6所示,删除多余的视频素材。

Step 06 点击右上角的"导出"按钮,如图5-7所示,即可导出剪辑好的视频。

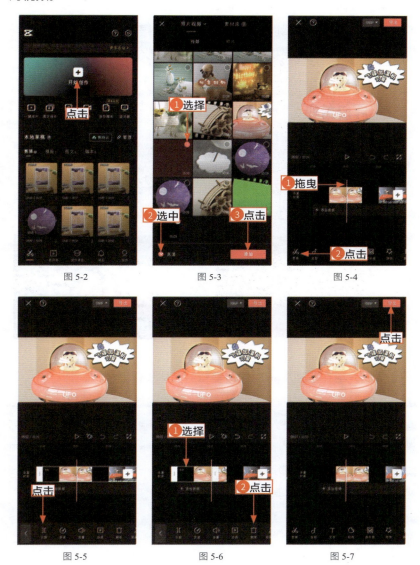

图5-2　　　　　　　图5-3　　　　　　　图5-4

图5-5　　　　　　　图5-6　　　　　　　图5-7

5.1.2 替换素材：《翻页时钟》

【效果展示】：使用"替换"功能，能够快速替换视频轨道中不合适的视频素材，效果如图 5-8 所示。

扫码看案例效果

扫码看教学视频

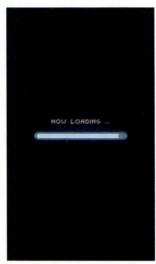

图 5-8

下面介绍使用剪映 App 替换视频素材的具体操作方法。

Step 01 在剪映 App 中导入相应的素材，拖曳时间轴到相应位置，如图 5-9 所示。

Step 02 ❶选择视频素材；❷在剪辑二级工具栏中点击"分割"按钮，如图 5-10 所示，分割素材。

Step 03 ❶选择第 1 段视频素材，调整素材时长为 2.9 s；❷在剪辑二级工具栏中点击"替换"按钮，如图 5-11 所示。

Step 04 进入"照片视频"界面，点击"素材库"按钮，如图 5-12 所示。

Step 05 进入"素材库"界面，在"片头"选项卡中选择相应的素材，❶预览素材；❷点击"确认"按钮，如图 5-13 所示，即可替换所选的素材。

图 5-9

图 5-10

图 5-11

图 5-12

图 5-13

5.1.3 视频变速：《纸雕灯》

【效果展示】："变速"功能能够改变视频的播放速度，让画面更有动感，同时还可以模拟"蒙太奇"的镜头效果，如图 5-14 所示。

扫码看案例效果　　扫码看教学视频

图 5-14

下面介绍使用剪映 App 制作变速视频的具体操作方法。

Step 01 在剪映 App 中导入一段视频素材，在一级工具栏中点击"剪辑"按钮，如图 5-15 所示。

Step 02 进入剪辑二级工具栏，点击"变速"按钮，如图 5-16 所示。

图 5-15

图 5-16

Step 03 进入变速工具栏,点击"曲线变速"按钮,如图 5-17 所示。

Step 04 进入"曲线变速"编辑界面,选择"蒙太奇"选项,如图 5-18 所示。

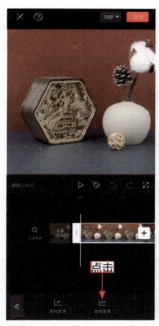

图 5-17　　　　　　　　　图 5-18

Step 05 点击"点击编辑"按钮,进入"蒙太奇"界面,如图 5-19 所示,拖曳变速点,调整变速点的"速度"参数。

Step 06 返回到主界面,❶拖曳时间轴到起始位置;❷依次点击"音频"按钮和"音乐"按钮,如图 5-20 所示。

Step 07 进入"添加音乐"界面,❶在搜索框中输入歌名;❷点击"搜索"按钮,如图 5-21 所示。

Step 08 在搜索结果中点击音乐右侧的"使用"按钮,如图 5-22 所示,即可将音乐添加到音频轨道中。

Step 09 ❶拖曳时间轴到视频结束位置;❷选择音频素材;❸在三级工具栏中点击"分割"按钮,如图 5-23 所示。

Step 10 点击"删除"按钮,如图 5-24 所示,即可删除多余的音乐。

第 5 章 剪辑：剪出专业抖音视频

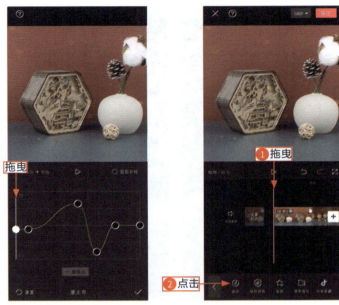

图 5-19　　　　　　　　　图 5-20

 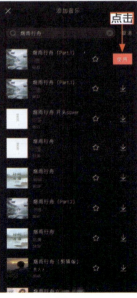

图 5-21　　　　　　　　　图 5-22

111

图 5-23　　　　　　　　图 5-24

5.1.4　定格功能：《可爱风暴瓶》

【效果展示】："定格"功能可以将视频中的某一帧画面定格并持续 3 s。可以看到，视频画面中的风暴瓶就像被照相机拍成了照片一样定格了，接着画面又继续动起来，效果如图 5-25 所示。

扫码看案例效果　　扫码看教学视频

图 5-25

下面介绍使用剪映 App 中的"定格"功能制作视频效果的操作

方法。

Step 01 在剪映 App 中导入一段素材，点击一级工具栏中的"剪辑"按钮，如图 5-26 所示。

Step 02 进入剪辑二级工具栏，❶拖曳时间轴至相应位置；❷点击"定格"按钮，如图 5-27 所示。

图 5-26

图 5-27

Step 03 执行操作后，即可自动分割所选的定格画面，该片段将持续 3 s，效果如图 5-28 所示。

Step 04 返回主界面，依次点击"音频"按钮和"音效"按钮，如图 5-29 所示。

Step 05 进入音效界面，❶切换至"机械"选项卡；❷选择"拍照声 1"音效，即可进行试听；❸点击音效右侧的"使用"按钮，如图 5-30 所示。

Step 06 在音效轨道中调整音效至合适位置，如图 5-31 所示。

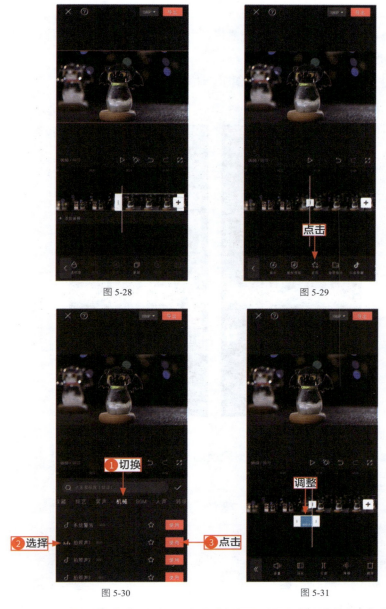

图 5-28

图 5-29

图 5-30

图 5-31

Step 07 返回主界面，依次点击"特效"按钮和"画面特效"按钮，如图 5-32 所示，进入画面特效界面。

第 5 章 剪辑：剪出专业抖音视频

Step 08 ❶切换至"基础"选项卡；❷选择"变清晰"特效，如图 5-33 所示。
Step 09 点击☑按钮，添加特效，在特效轨道中适当调整特效的位置和持续时长，使其与音效的时长一致，如图 5-34 所示。

图 5-32

图 5-33

图 5-34

5.1.5 一键成片：《生态鱼瓶》

【效果展示】："一键成片"功能是剪映 App 为了方便用户剪辑视频推出的一个模板功能，操作非常简单，实用性也很强，效果如图 5-35 所示。

扫码看案例效果

扫码看教学视频

图 5-35

115

下面介绍在剪映 App 中运用"一键成片"功能制作视频的具体操作方法。

Step 01 打开剪映 App，在主界面中点击"一键成片"按钮，如图 5-36 所示。

Step 02 进入"照片视频"界面，❶选择视频素材；❷点击"下一步"按钮，如图 5-37 所示。

图 5-36

图 5-37

Step 03 执行操作后，显示合成效果的进度，稍等片刻视频即可制作完成，并自动播放，如图 5-38 所示。

Step 04 用户可以自行选择喜欢的模板，点击"点击编辑"按钮，如图 5-39 所示。

Step 05 默认进入"视频编辑"选项卡，❶点击下方的"点击编辑"按钮；❷弹出操作菜单，如图 5-40 所示，在其中可以选择视频编辑功能。

Step 06 ❶切换至"文本编辑"选项卡；❷选择需要修改的文本；❸点击"点击编辑"按钮，如图 5-41 所示。

第 5 章 剪辑：剪出专业抖音视频

图 5-38

图 5-39

图 5-40

图 5-41

Step 07 在输入框中输入文字，对文字进行修改，如图 5-42 所示。

117

Step 08 ❶点击"导出"按钮；❷在弹出的"导出设置"界面中点击"无水印保存并分享"按钮，如图 5-43 所示，即可导出无水印的视频。

图 5-42

图 5-43

5.2 添加音频效果

短视频是一种声画结合、视听兼备的创作形式。因此，音频也是很重要的因素，它是一种表现形式和艺术体裁。本节将介绍一些利用剪映 App 给短视频添加音频效果的操作方法，让运营者的短视频拥有更好的视听效果。

5.2.1 添加音乐：《超萌固体香包》

【效果展示】：剪映 App 中有非常丰富的背景音乐曲库，而且还进行了十分细致的分类，运营者可以根据自己的视频内容、主题和风格等，在分类中为视频选择合适

扫码看案例效果

扫码看教学视频

的背景音乐，画面效果如图 5-44 所示。

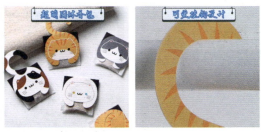

图 5-44

下面介绍使用剪映 App 给视频添加背景音乐的具体操作方法。

Step 01 在剪映 App 中导入一段素材，在一级工具栏中点击"音频"按钮，如图 5-45 所示。

Step 02 进入音频二级工具栏，点击"音乐"按钮，如图 5-46 所示。

图 5-45

图 5-46

Step 03 进入"添加音乐"界面，点击"纯音乐"按钮，如图 5-47 所示。

Step 04 进入"纯音乐"界面，点击音乐右侧的"使用"按钮，如图 5-48 所示，即可将音乐添加到音频轨道中。

抖音电商从入门到精通：手机短视频策划＋拍摄＋制作＋引流＋运营

图 5-47　　　　　　　图 5-48

特别提醒　　运营者可以点击☆图标，将喜欢的音乐收藏起来，待下次剪辑视频时可以在"收藏"列表中快速选择该背景音乐。

Step 05 ❶选择音频；❷将时间轴拖曳至视频的结束位置；❸在三级工具栏中点击"分割"按钮，如图 5-49 所示。

Step 06 点击"删除"按钮，如图 5-50 所示，删除多余的音乐。

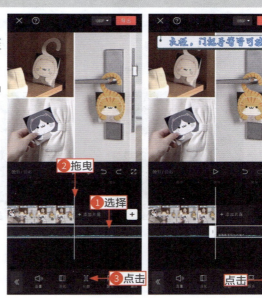

图 5-49　　　　　　　图 5-50

120

5.2.2 提取音乐：《国风发簪》

【效果展示】：如果用户看到其他背景音乐好听的短视频，也可以将其保存到手机上，并通过剪映 App 提取短视频中的背景音乐，将其用到自己的短视频中，画面效果如图 5-51 所示。

扫码看案例效果

扫码看教学视频

图 5-51

下面介绍使用剪映 App 从视频中提取背景音乐的具体操作方法。

Step 01 在剪映 App 中导入一段素材，在一级工具栏中点击"音频"按钮，如图 5-52 所示。

Step 02 在音频二级工具栏中点击"提取音乐"按钮，如图 5-53 所示。

图 5-52

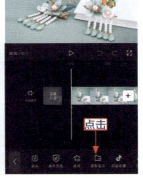

图 5-53

Step 03 进入"照片视频"界面,❶选择需要提取背景音乐的视频;❷点击"仅导入视频的声音"按钮,如图 5-54 所示。

Step 04 执行操作后,即可将从视频提取的音乐添加到音频轨道中,❶拖曳时间轴到视频结束位置;❷选择提取的音乐;❸拖曳音乐右侧的白色拉杆,使音乐时长与视频时长一致,如图 5-55 所示。

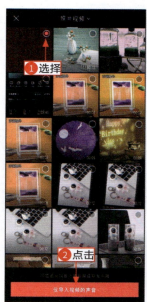
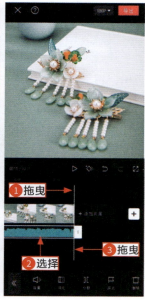

图 5-54　　　　　　图 5-55

5.2.3 录制语音:《国风油纸伞》

【效果展示】:语音旁白是短视频中必不可少的一个元素,用户可以直接通过剪映 App 为短视频录制语音旁白,还可以进行变声处理,画面效果如图 5-56 所示。

扫码看案例效果　　扫码看教学视频

图 5-56

下面介绍使用剪映 App 录制语音旁白的具体操作方法。

Step 01 在剪映 App 中导入一段素材，在一级工具栏中点击"音频"按钮，如图 5-57 所示。

Step 02 进入音频二级工具栏，点击"录音"按钮，如图 5-58 所示。

图 5-57

图 5-58

Step 03 进入界面，长按红色的录音键 🎤 不放，即可开始录制语音旁白，如图 5-59 所示，运营者也可点击红色的录音键 🎤 开始录音。

Step 04 录制完成后，松开红色的录音键 🎤，即可自动生成录音，如图 5-60 所示，或者再次点击红色的录音键 🎤 结束录音。

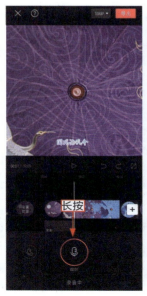

图 5-59

图 5-60

Step 05 ❶选择录音；❷在三级工具栏中点击"变声"按钮，如图 5-61 所示。

Step 06 进入"变声"界面，在"基础"选项卡中选择"女生"选项，如图 5-62 所示，即可改变声音效果。

Step 07 用与上述操作同样的方法，在视频的合适位置录制语音，并改变声音效果，如图 5-63 所示。

图 5-61

图 5-62

Step 08 ❶选择视频；❷在三级工具栏中点击"音量"按钮，如图 5-64 所示。

Step 09 进入"音量"界面，将音量值调整为 9，如图 5-65 所示，降低视频音量。

图 5-63

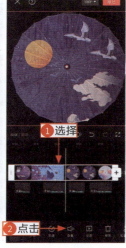
图 5-64

图 5-65

5.2.4 淡入淡出：《陶瓷风铃》

【效果展示】：淡入是指背景音乐开始响起的时候，声音缓缓变大；淡出则是指背景音乐即将结束的时候，声音渐渐消失。设置音频的淡入淡出效果后，可以让短视频的背景音乐显得不那么突兀，给观众带来更加舒适的视听感，画面效果如图 5-66 所示。

扫码看案例效果　　扫码看教学视频

图 5-66

下面介绍使用剪映 App 设置音频淡入淡出效果的具体操作方法。

Step 01 在剪映 App 中导入一段素材，❶选择视频素材；❷在剪辑二级工具栏中点击"音频分离"按钮，如图 5-67 所示。

Step 02 稍等片刻后，即可将音频从视频中分离出来，并生成对应的音频，如图 5-68 所示。

图 5-67　　　　图 5-68

Step 03 ❶选择音频；❷在三级工具栏中点击"淡化"按钮，如图5-69所示。

Step 04 进入"淡化"界面，拖曳"淡入时长"右侧的白色圆环滑块，将"淡入时长"设置为2.5 s，如图5-70所示。

图5-69

图5-70

Step 05 拖曳"淡出时长"右侧的白色圆环滑块，将"淡出时长"设置为1.8 s，如图5-71所示。

Step 06 点击 ✓ 按钮完成处理，音频轨道上显示音频的前后音量都有所下降，点击"导出"按钮，如图5-72所示，即可导出视频。

图5-71

图5-72

5.2.5 音频变速：《小羊纸巾架》

【效果展示】：使用剪映 App 可以对音频播放速度进行放慢或加快等变速处理，从而制作一些特殊的背景音乐，画面效果如图 5-73 所示。

扫码看案例效果

扫码看教学视频

图 5-73

下面介绍使用剪映 App 对音频进行变速处理的具体操作方法。

Step 01 在剪映 App 中导入一段素材，❶选择视频素材；❷在剪辑二级工具栏中点击"音频分离"按钮，如图 5-74 所示。

Step 02 ❶选择分离出来的音频；❷在三级工具栏中点击"变速"按钮，如图 5-75 所示。

图 5-74

图 5-75

Step 03 进入"变速"界面,显示默认的音频播放倍速为1×,如图5-76所示,向左拖曳红色圆环滑块,即可增加音频时长。

Step 04 向右拖曳红色圆环滑块,设置"变速"参数为1.2×,缩短音频时长,如图5-77所示。

图 5-76　　　　　　图 5-77

Step 05 点击☑按钮返回到上一界面,①拖曳时间轴到相应位置;②选择视频素材;③在三级工具栏中点击"分割"按钮,如图5-78所示。

Step 06 点击"删除"按钮,如图5-79所示,删除多余的视频。

图 5-78　　　　　　图 5-79

5.2.6 音频踩点：《简约隔热垫》

【效果展示】：在剪映 App 中不仅有丰富的音乐，还有"音频踩点"的功能，运营者可以利用这个功能快速地对音频进行卡点，画面效果如图 5-80 所示。

扫码看案例效果

扫码看教学视频

图 5-80

下面介绍使用剪映 App 制作音频踩点视频的操作方法。

Step 01 在剪映 App 中导入相应素材，添加合适的背景音乐，如图 5-81 所示。

Step 02 ❶选择音频；❷在三级工具栏中点击"踩点"按钮，如图 5-82 所示。

图 5-81　　　　图 5-82

Step 03 进入"踩点"界面，❶点击"自动踩点"按钮；❷选择"踩节拍Ⅰ"选项，生成对应的黄色节拍点，如图 5-83 所示。

Step 04 调整第 1 段素材的时长，使其对准第 2 个小黄点，如图 5-84 所示。

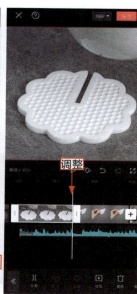

图 5-83　　　　　　图 5-84

Step 05 调整第 2 段素材的时长，使其对准第 3 个小黄点，如图 5-85 所示。

Step 06 调整第 3 段素材的时长，使其对准第 4 个小黄点，并删除多余的音乐，效果如图 5-86 所示。

图 5-85　　　　　　图 5-86

Step 07 ❶选择第 1 段照片素材；❷在三级工具栏中点击"动画"按钮，如图 5-87 所示。

Step 08 进入动画工具栏，点击"组合动画"按钮，在"组合动画"界面中选择"旋转降落改"动画效果，如图 5-88 所示。

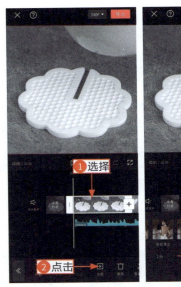

图 5-87　　　　　图 5-88

Step 09 用与上述操作同样的方法，为第 2 段素材添加"入场动画"界面中的"缩小"动画效果，如图 5-89 所示。

Step 10 用与上述操作同样的方法，为第 3 段素材添加"入场动画"界面中的"缩小"动画效果，如图 5-90 所示。

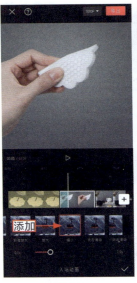 

图 5-89　　　　　图 5-90

Step 11 返回主界面，❶拖曳时间轴到视频起始位置；❷依次点击"特效"按钮和"画面特效"按钮，如图 5-91 所示。

Step 12 进入画面特效界面，❶切换至"基础"选项卡；❷选择"模糊开幕"特效，如图 5-92 所示。

 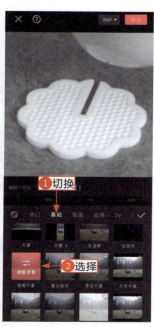

图 5-91　　　　　　　　图 5-92

Step 13 返回上一界面，调整"模糊开幕"特效的时长，使其与第 1 段素材的时长一致，如图 5-93 所示。

Step 14 用与上述操作同样的方法，添加"动感"选项卡中的"波纹色差"特效，在特效轨道中调整特效的时长，使其与第 2 段素材的时长一致，如图 5-94 所示。

Step 15 用与上述操作同样的方法，添加"氛围"选项卡中的"梦蝶"特效，调整"梦蝶"特效的时长，使其与第 3 段素材的时长一致，如图 5-95 所示。

Step 16 返回主界面，❶拖曳时间轴至第 2 段素材的起始位置；❷在一级工具栏中点击"贴纸"按钮，如图 5-96 所示。

第 5 章 剪辑：剪出专业抖音视频

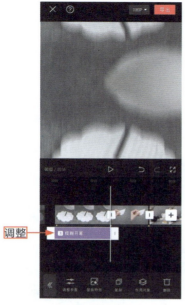

图 5-93

图 5-94

图 5-95

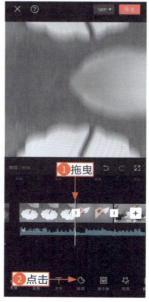

图 5-96

Step 17 进入贴纸界面，❶搜索并选择合适的贴纸；❷在预览区域调整贴纸的大小和位置，如图 5-97 所示。

Step 18 在贴纸轨道中调整贴纸的持续时长，使其与第 2 段素材的时长一致，如图 5-98 所示。

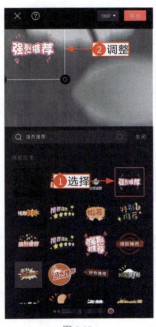

图 5-97

图 5-98

Step 19 用与上述操作同样的方法，添加一个合适的贴纸，并在预览区域调整贴纸的大小和位置，如图 5-99 所示。

Step 20 点击 ✓ 按钮返回上一界面，调整第 2 个贴纸的时长，使其对齐第 3 段素材，如图 5-100 所示。

Step 21 返回主界面，❶拖曳时间轴到起始位置；❷点击"设置封面"按钮，如图 5-101 所示。

Step 22 进入相应界面，❶拖曳时间轴到相应位置；❷点击"保存"按钮，即可设置封面，如图 5-102 所示。

第 5 章 剪辑：剪出专业抖音视频

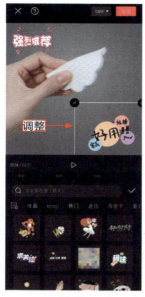

图 5-99

图 5-100

图 5-101

图 5-102

Chapter 06

第6章

特效：提高视频视觉效果

　　优质的短视频不仅要在视频内容上吸引用户的关注，还要在画面特效上吸引用户，让用户看到你的视频画面时有一种视觉上的享受。本章主要从视频调色处理、视频特效处理、创意合成处理和添加文字效果这 4 个方面进行介绍。

第 6 章 特效：提高视频视觉效果

6.1 视频调色处理

在后期对短视频的色调进行处理时，不仅要突出画面主体，还需要表现出适合主题的艺术气息，实现完美的色调视觉效果。

6.1.1 基本调色：《沙漏摆件》

【效果展示】：本实例主要运用剪映App 中的"调节"功能，对原视频素材的色彩和影调进行适当调整，让画面效果变得更加夺目，效果如图 6-1 所示。

扫码看案例效果

扫码看教学视频

图 6-1

下面介绍使用剪映 App 对视频进行基本调色的具体操作方法。

Step 01 在剪映 App 中导入一段素材，❶选择视频素材；❷在剪辑二级工具栏中点击"调节"按钮，如图 6-2 所示。

Step 02 进入"调节"界面，❶选择"亮度"选项；❷拖曳滑块，将其参数调至 5，如图 6-3 所示，增加画面的整体亮度。

Step 03 ❶选择"对比度"选项；❷拖曳滑块，将其参数调至 18，如图 6-4 所示，增加画面的明暗对比度。

Step 04 ❶选择"饱和度"选项；❷拖曳滑块，将其参数调至 39，如图 6-5 所示，使画面色彩更加浓郁。

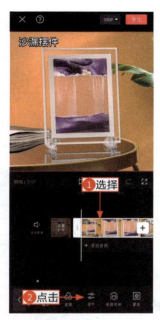

图 6-2

图 6-3

图 6-4

图 6-5

第 6 章 特效：提高视频视觉效果

Step 05 ❶选择"光感"选项；❷拖曳滑块，将其参数调至 -8，如图 6-6 所示，降低画面的光线强度。

Step 06 ❶选择"色温"选项；❷拖曳滑块，将其参数调至 -15，如图 6-7 所示，增加画面的冷调效果。

图 6-6

图 6-7

6.1.2 滤镜调色：《陶瓷香插》

【效果展示】：如果在拍摄时受光线或其他因素的影响，画面色调达不到想要的效果，运营者就可以利用滤镜调色对画面进行处理，如图 6-8 所示。

扫码看案例效果

扫码看教学视频

图 6-8

下面介绍在剪映 App 中使用滤镜进行调色的具体操作方法。

Step 01 在剪映 App 中导入一段素材,在一级工具栏中点击"滤镜"按钮,如图 6-9 所示。

Step 02 进入"滤镜"界面,❶切换至"基础"选项卡;❷选择"质感暗调"滤镜,如图 6-10 所示。

图 6-9　　　　　　　　　　　图 6-10

Step 03 ❶切换至"调节"界面;❷选择"对比度"选项;❸拖曳滑块,将其参数调至 16,如图 6-11 所示,增加画面明暗对比度。

Step 04 ❶选择"饱和度"选项;❷拖曳滑块,将其参数调至 10,如图 6-12 所示,使画面颜色更加浓郁。

Step 05 ❶选择"光感"选项;❷拖曳滑块,将其参数调至 -5,如图 6-13 所示,降低画面的光线强度。

Step 06 ❶选择"锐化"选项;❷拖曳滑块,将其参数调至 20,如图 6-14 所示,增加画面的清晰度。

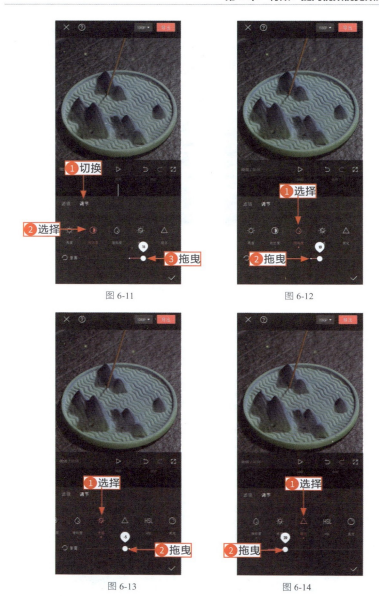

图 6-11　　　　　　　　　图 6-12

图 6-13　　　　　　　　　图 6-14

6.1.3　磨砂色调：《梦幻投影灯》

【效果展示】：除了可以对视频进行简单的调色外，运营者还可以添加特效,为视频优化调色效果。本实例是运用基础调色和"磨砂纹理"特效对视频画面进行调色,效果如图6-15所示。

扫码看案例效果　　扫码看教学视频

图 6-15

下面介绍在剪映App中调出磨砂色调的具体操作方法。

Step 01 在剪映App中导入一段视频素材,❶选择视频素材;❷在剪辑二级工具栏中点击"调节"按钮,如图6-16所示。

Step 02 进入"调节"界面,❶选择"亮度"选项;❷拖曳滑块,将其参数调至7,如图6-17所示,增强画面的亮度。

图 6-16　　　　　图 6-17

第 6 章 特效：提高视频视觉效果

Step 03 ❶选择"对比度"选项；❷拖曳滑块，将其参数调至 15，如图 6-18 所示，增加画面明暗对比度。

Step 04 ❶选择"饱和度"选项；❷拖曳滑块，将其参数调至 19，如图 6-19 所示，使画面色彩更加浓郁。

图 6-18

图 6-19

Step 05 ❶选择"锐化"选项；❷拖曳滑块，将其参数调至 21，如图 6-20 所示，提高画面的清晰度。

Step 06 ❶选择"高光"选项；❷拖曳滑块，将其参数调至 22，如图 6-21 所示，增加画面中高光部分的亮度。

Step 07 ❶选择"色温"选项；❷拖曳滑块，将其参数调至 19，如图 6-22 所示，增加画面的暖调效果。

Step 08 ❶选择"色调"选项；❷拖曳滑块，将其参数调至 36，如图 6-23 所示，深化画面中的暖调效果。

图 6-20

图 6-21

图 6-22

图 6-23

第 6 章 特效：提高视频视觉效果

Step 09 返回主界面，在一级工具栏中点击"特效"按钮，如图 6-24 所示。

Step 10 进入特效二级工具栏，点击"画面特效"按钮，如图 6-25 所示。

图 6-24

图 6-25

Step 11 进入画面特效界面，❶切换至"纹理"选项卡；❷选择"磨砂纹理"特效，如图 6-26 所示。

Step 12 在特效轨道中调整特效的持续时间，使特效时长与视频时长一致，如图 6-27 所示。

图 6-26

图 6-27

145

6.2 视频特效处理

火爆的抖音短视频依靠的不仅是拍摄和剪辑，适当添加一些特效，能为短视频增添意想不到的效果。本节主要介绍剪映 App 中自带的一些转场、特效、动画和关键帧等功能的使用方法，帮助大家做出各种精彩的视频效果。

6.2.1 添加转场：《金属胸针》

【效果展示】：转场效果的设置能让视频转场看起来不那么生硬，画面也会更加融洽。本实例主要使用剪映 App 中的剪辑和"水墨"转场功能制作视频转场效果，如图 6-28 所示。

扫码看案例效果

扫码看教学视频

图 6-28

下面介绍在剪映 App 中添加转场效果的具体操作方法。

Step 01 在剪映 App 中导入一段视频素材，❶选择视频素材；❷在剪辑二级工具栏中点击"变速"按钮，如图 6-29 所示。

Step 02 在变速工具栏中点击"常规变速"按钮，如图 6-30 所示。

第 6 章 特效：提高视频视觉效果

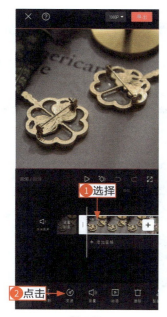

图 6-29　　　　　　图 6-30

Step 03 进入"变速"界面，拖曳红色圆环滑块，设置"变速"倍数为 0.5×，如图 6-31 所示。

Step 04 拖曳时间轴到 5 s 的位置，对视频进行分割，效果如图 6-32 所示。

图 6-31　　　　　　图 6-32

147

Step 05 拖曳时间轴到 12 s 的位置，对视频进行分割，效果如图 6-33 所示。

Step 06 ❶选择分割出来的中间视频片段；❷在剪辑二级工具栏中点击"删除"按钮，如图 6-34 所示，删除该视频片段。

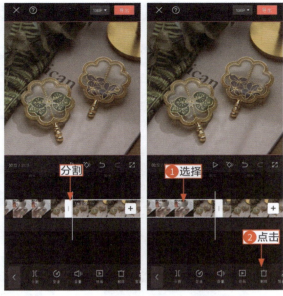

图 6-33　　　　　图 6-34

Step 07 返回主界面，点击视频中间的转场按钮，如图 6-35 所示。

Step 08 进入"转场"界面，❶在"遮罩转场"选项卡中选择"水墨"转场效果；❷设置转场时长为最长，如图 6-36 所示。

图 6-35　　　　　图 6-36

Step 09 返回主界面，在一级工具栏中点击"比例"按钮，如图 6-37 所示。

Step 10 在比例二级工具栏中设置视频比例为 9:16，调整视频画布的尺寸，如图 6-38 所示。

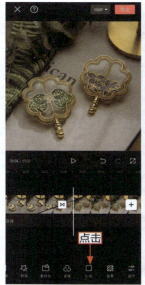
图 6-37

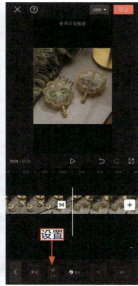
图 6-38

Step 11 返回主界面，在一级工具栏中点击"背景"按钮，如图 6-39 所示。

Step 12 进入背景二级工具栏，点击"画布样式"按钮，如图 6-40 所示。

图 6-39

图 6-40

Step 13 进入"画布样式"界面，❶选择合适的画布样式；❷点击"全局应用"按钮，如图6-41所示，将画布样式效果应用到全局。

Step 14 返回主界面，为视频添加合适的背景音乐，如图6-42所示。

图 6-41　　　　　　图 6-42

6.2.2　添加特效：《积木盆栽》

【效果展示】：本实例介绍的是"多屏切换卡点"效果的制作方法，主要使用剪映的"自动踩点"功能和"分屏"特效，实现视频画面根据节拍点自动分出多个相同的视频画面效果，如图6-43所示。

扫码看案例效果　　扫码看教学视频

图 6-43

第6章 特效：提高视频视觉效果

下面介绍在剪映 App 中添加特效的具体操作方法。

Step 01 在剪映 App 中导入一段素材，将音频分离出来，如图 6-44 所示。

Step 02 ❶选择音频素材；❷在三级工具栏中点击"踩点"按钮，如图 6-45 所示。

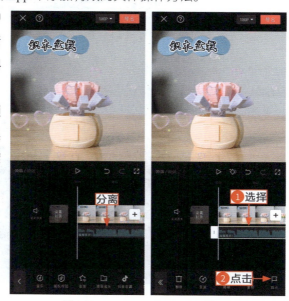

图 6-44　　　　　图 6-45

Step 03 进入"踩点"界面，❶点击"自动踩点"按钮；❷选择"踩节拍Ⅰ"选项，如图 6-46 所示。

Step 04 返回主界面，❶拖曳时间轴至第2个小黄点的位置；❷在一级工具栏中点击"特效"按钮，如图 6-47 所示。

图 6-46　　　　　图 6-47

Step 05 进入特效二级工具栏,点击"画面特效"按钮,如图6-48所示。

Step 06 进入画面特效界面,❶切换至"分屏"选项卡;❷选择"两屏"特效,如图6-49所示。

图6-48

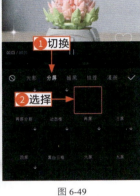

图6-49

Step 07 调整特效的持续时长,使其刚好卡在第2个和第3个小黄点之间,如图6-50所示。

Step 08 用与上述操作同样的方法,添加一个"三屏"特效,调整特效的时长,如图6-51所示。

图6-50

图6-51

6.2.3 添加动画：《6孔陶笛》

【效果展示】：本实例主要运用剪映App中的"音频踩点"功能和"动画"功能，为照片素材添加动画效果，让画面动起来，效果如图6-52所示。

扫码看案例效果　　扫码看教学视频

图6-52

下面介绍在剪映App中添加动画效果的具体操作方法。

Step 01 在剪映App中导入多张照片素材，为视频添加合适的卡点背景音乐，如图6-53所示。

Step 02 ❶选择卡点音乐；❷在三级工具栏中点击"踩点"按钮，如图6-54所示。

图6-53　　　　　图6-54

Step 03 进入"踩点"界面,❶点击"自动踩点"按钮;❷选择"踩节拍Ⅰ"选项,如图 6-55 所示。

Step 04 ❶选择第 1 段照片素材;❷调整照片素材的时长,使其与第 2 个小黄点对齐;❸在三级工具栏中点击"动画"按钮,如图 6-56 所示。

图 6-55

图 6-56

Step 05 进入动画工具栏,点击"入场动画"按钮,在"入场动画"界面中选择"缩小"动画效果,如图 6-57 所示。

Step 06 用与上述操作相同的方法,调整其他素材的时长,为第 2～4 段素材分别添加"入场动画"界面中的"向左滑动""向右滑动"和"轻微放大"动画效果,并删除多余的音乐,效果如图 6-58 所示。

Step 07 ❶拖曳时间轴到视频的起始位置;❷点击"设置封面"按钮,如图 6-59 所示,对封面进行设置。

Step 08 进入相应界面,❶拖曳时间轴到相应位置;❷点击"封面模板"按钮,如图 6-60 所示。

第 6 章 特效：提高视频视觉效果

图 6-57

图 6-58

图 6-59

图 6-60

Step 09 进入封面模板界面，选择合适的封面模板，如图 6-61 所示。

Step 10 ❶ 双击预览区域的封面模板；❷ 在文本框内修改文字内容；❸ 在"样式"选项卡中选择相应的文字样式，如图 6-62 所示；❹ 点击"保存"按钮，即可完成封面设置。

图 6-61　　　　　　图 6-62

6.2.4　添加关键帧：《ins 花瓶》

【效果展示】：静态的照片也可以呈现动态视频的效果，只需在照片的相应位置加入两个关键帧，就能让照片变成动态的视频。本实例主要通过对一张静态照片添加关键帧的操作，改变照片的大小，达到照片动起来变成视频的效果，如图 6-63 所示。

扫码看案例效果　　扫码看教学视频

图 6-63

第 6 章 特效：提高视频视觉效果

下面介绍使用剪映 App 将一张照片制作成动态视频效果的具体操作方法。

Step 01 在剪映 App 中导入一张照片素材，如图 6-64 所示。

Step 02 ❶ 选择照片素材；❷ 用双指在预览区域放大画面，作为视频的片头画面，如图 6-65 所示。

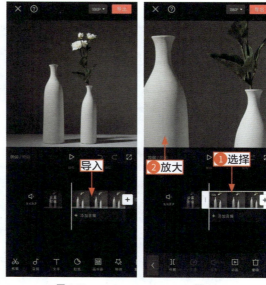

图 6-64　　　　　图 6-65

Step 03 拖曳视频轨道中素材右侧的白色拉杆，适当调整视频素材的时长为 7.1 s，如图 6-66 所示。

Step 04 ❶ 拖曳时间轴至视频的起始位置；❷ 点击 ◇ 按钮，如图 6-67 所示，添加关键帧。

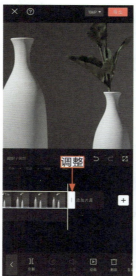 

图 6-66　　　　　图 6-67

Step 05 ❶拖曳时间轴至视频的结束位置；❷在预览区域调整视频画面的大小，作为视频的结束画面；❸同时自动生成关键帧，如图6-68所示。

Step 06 返回主界面，为视频添加合适的背景音乐，如图6-69所示。

图6-68

图6-69

6.3 创意合成处理

在抖音上经常可以刷到各种有趣又热门的创意合成视频，画面炫酷又神奇。这些创意合成视频虽然看起来制作很难，但只要你掌握了本节介绍的这些技巧，也能轻松做出相同的视频效果。

6.3.1 蒙版合成：《太空人U盘》

【效果展示】：蒙版合成可以让两个画面同时出现在同一画面中。本实例主要使用剪映的"蒙版"功能，制作《太空人U盘》的边框效果，如图6-70所示。

扫码看案例效果

扫码看教学视频

第 6 章 特效：提高视频视觉效果

图 6-70

下面介绍使用剪映 App 中的"蒙版"功能制作边框效果的具体操作方法。

Step 01 在剪映 App 中导入相应素材，❶选择第 2 段素材；❷在剪辑二级工具栏中点击"切画中画"按钮，如图 6-71 所示。

Step 02 ❶在预览区域调整素材的大小；❷在画中画轨道中调整画中画素材的位置和时长，使其对齐第 1 段视频素材；❸点击"蒙版"按钮，如图 6-72 所示。

图 6-71　　　　　　图 6-72

159

Step 03 进入"蒙版"界面，❶选择"矩形"蒙版；❷点击"反转"按钮，如图 6-73 所示。

Step 04 在预览区域适当调整蒙版的位置和大小，如图 6-74 所示。

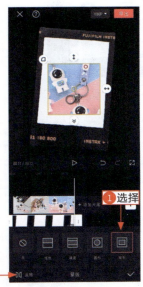
图 6-73

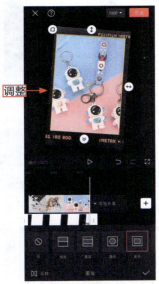
图 6-74

6.3.2 色度抠图：《创意时钟》

【效果展示】：在剪映 App 中运用"色度抠图"功能可以抠出不需要的色彩，留下想要的视频画面，效果如图 6-75 所示。

扫码看案例效果

扫码看教学视频

图 6-75

第 6 章 特效：提高视频视觉效果

下面介绍在剪映 App 中运用"色度抠图"功能进行抠图的具体操作方法。

Step 01 在剪映中导入素材，依次点击"画中画"按钮和"新增画中画"按钮，如图 6-76 所示。

Step 02 进入"照片视频"界面，选择绿幕素材，❶点击"添加"按钮，即可在画中画轨道中添加相应的绿幕素材；❷将素材放大至全屏，如图 6-77 所示。

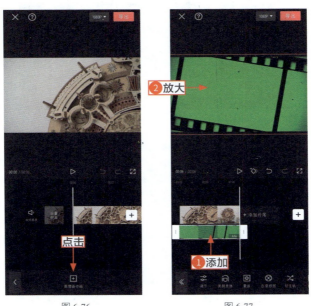

图 6-76　　　　　　　图 6-77

Step 03 执行操作后，在三级工具栏中点击"色度抠图"按钮，如图 6-78 所示。

Step 04 进入"色度抠图"界面，拖曳取色器，取样画面中的绿色，如图 6-79 所示。

Step 05 在"色度抠图"界面中，❶选择"强度"选项；❷拖曳滑块，将其参数调至 100，如图 6-80 所示。

Step 06 ❶选择"阴影"选项；❷拖曳滑块，将其参数调至 100，如图 6-81 所示。

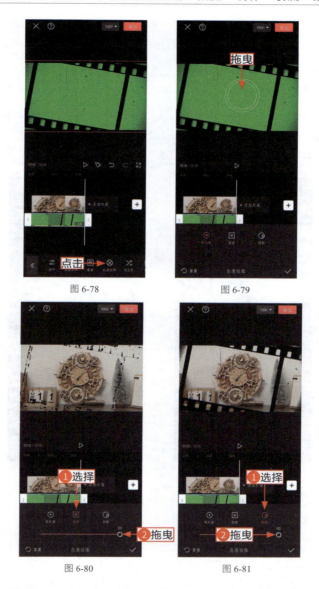

图 6-78　　　　　　　　图 6-79

图 6-80　　　　　　　　图 6-81

6.4　添加文字效果

剪映 App 除了能够剪辑视频外，用户也可以使用它给自己拍摄的短视频添加合适的文字，本节将介绍具体的操作方法。

第 6 章 特效：提高视频视觉效果

6.4.1 添加文字：《相机风扇》

【效果展示】：剪映 App 中提供了多种文字样式，并且可以根据短视频主题的需要添加合适的文字样式，效果如图 6-82 所示。

扫码看案例效果

扫码看教学视频

图 6-82

下面介绍使用剪映 App 添加文字的具体操作方法。

Step 01 在剪映 App 中导入一段素材，在一级工具栏中点击"文字"按钮，如图 6-83 所示。

Step 02 进入文字二级工具栏，点击"新建文本"按钮，如图 6-84 所示。

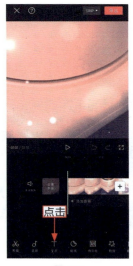 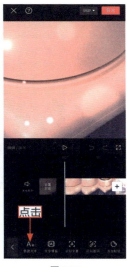

图 6-83　　　　　　图 6-84

Step 03 在文本框中输入文字,如图6-85所示。

Step 04 ❶在预览区域调整文字的位置;❷在"字体"选项卡中选择合适的字体,如图6-86所示。

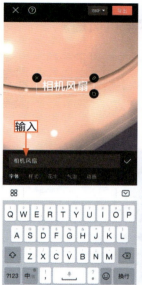
图 6-85

图 6-86

Step 05 ❶切换至"样式"选项卡;❷选择合适的文字样式,如图6-87所示。

Step 06 点击✓按钮,确认添加文字效果,在字幕轨道中调整文字的持续时长,使其与视频时长一致,如图6-88所示。

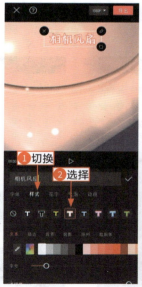
图 6-87

图 6-88

6.4.2 文字模板:《可爱多肉》

【效果展示】:剪映 App 中提供了丰富的文字模板,运营者可以根据这些模板快速制作精美的短视频文字效果,如图 6-89 所示。

扫码看案例效果

扫码看教学视频

图 6-89

下面介绍使用剪映 App 添加文字模板的具体操作方法。

Step 01 在剪映 App 中导入一段素材,在一级工具栏中点击"文字"按钮,如图 6-90 所示。

Step 02 进入文字二级工具栏,点击"文字模板"按钮,如图 6-91 所示。

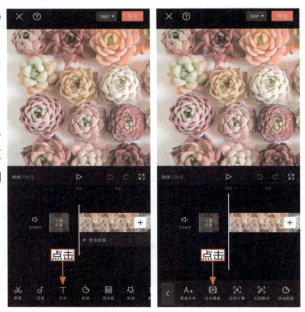

图 6-90　　　　图 6-91

Step 03 进入文字模板界面,选择文字模板,如图 6-92 所示。

Step 04 点击预览区域的文字模板,即可修改文字,如图 6-93 所示。

Step 05 点击 ✓ 按钮,确认添加文字效果,调整文字的持续时长,使其与视频时长一致,如图 6-94 所示。

图 6-92

图 6-93

图 6-94

6.4.3 识别字幕:《立式蚊香架》

【效果展示】:剪映 App 的"识别字幕"功能准确率非常高,能帮助用户快速识别视频中的背景声音并同步添加字幕,效果如图 6-95 所示。

扫码看案例效果　扫码看教学视频

图 6-95

第6章 特效：提高视频视觉效果

下面介绍使用剪映 App 识别视频字幕的具体操作方法。

Step 01 在剪映 App 中导入素材，在一级工具栏中点击"文字"按钮，如图 6-96 所示。

Step 02 进入文字二级工具栏，点击"识别字幕"按钮，如图 6-97 所示。

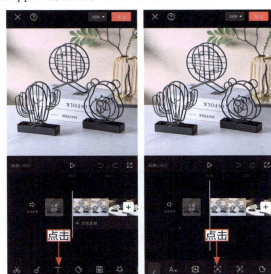

图 6-96　　　　　　图 6-97

Step 03 执行操作后，弹出"自动识别字幕"对话框，点击"开始识别"按钮，如图 6-98 所示。如果视频中本身存在字幕，开启"同时清空已有字幕"功能，快速清除原来的字幕。

Step 04 执行操作后，软件自动识别视频中的语音内容，稍等片刻后，即可在字幕轨道中生成对应的字幕，如图 6-99 所示。

图 6-98　　　　　　图 6-99

6.4.4 文字气泡：《香薰石台灯》

【效果展示】：剪映 App 中有很多好看的文字气泡，运营者可以为自己的视频添加合适的文字气泡，让文字看起来没那么单调，效果如图 6-100 所示。

扫码看案例效果　　扫码看教学视频

图 6-100

下面介绍使用剪映 App 添加文字气泡的具体操作方法。

Step 01 在剪映 App 中导入一段素材，在一级工具栏中点击"文字"按钮，如图 6-101 所示。

Step 02 进入文字二级工具栏，点击"新建文本"按钮，如图 6-102 所示。

图 6-101　　　　　　图 6-102

Step 03 ❶输入文字内容；❷在"字体"选项卡中选择字体，如图 6-103 所示。

Step 04 ❶切换至"样式"选项卡；❷选择文字样式；❸在预览区域调整文字的位置，如图 6-104 所示。

图 6-103

图 6-104

Step 05 ❶切换至"气泡"选项卡；❷选择气泡模板，如图 6-105 所示。

Step 06 点击 ✓ 按钮，确认添加气泡模板，向右拖曳文字右侧的白色拉杆，使文字时长与视频时长一致，如图 6-106 所示。

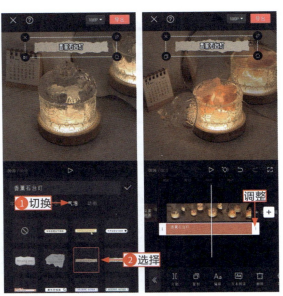

图 6-105　　　　图 6-106

6.4.5 添加贴纸：《创意蜡烛》

【效果展示】：剪映 App 能够直接给视频添加文字贴纸效果，让视频画面更加精彩、有趣，吸引大家的目光，效果如图 6-107 所示。

扫码看案例效果　　扫码看教学视频

图 6-107

下面介绍在剪映 App 中为视频添加贴纸的具体操作方法。

Step 01 在剪映 App 中导入一段素材，在一级工具栏中点击"文字"按钮，如图 6-108 所示。

Step 02 进入文字二级工具栏，点击"添加贴纸"按钮，如图 6-109 所示。

图 6-108　　　　　　图 6-109

Step 03 进入贴纸界面,在搜索框中搜索"种草"贴纸,在搜索结果中选择贴纸,并在预览区域调整贴纸的大小和位置,效果如图6-110所示。

Step 04 用与上述操作同样的方法,再添加两个贴纸,在预览区域调整贴纸的大小和位置,并在贴纸轨道调整贴纸的持续时间和出现位置,效果如图6-111所示。

图 6-110

图 6-111

04　引流篇

Chapter 07

第7章
引流：
粉丝资源快速裂变

在抖音平台上带货，流量是至关重要的因素，没有流量则货就无法卖出去，因此运营者需要掌握引流技巧。目前，抖音的引流渠道主要包括被动搜索流量和主动吸粉引流等，本章将介绍具体的引流方法。

7.1 增加内容推荐量

要想成为抖音平台上的"头部大V",运营者首先要想办法给自己的账号或内容注入流量,让作品火爆起来,这是成为达人的一条捷径。如果运营者没有一夜爆火的好运气,就需要一步步脚踏实地地做好自己的短视频内容。

当然,这其中也有很多运营技巧,能够帮助运营者提升短视频的流量和账号的关注量,而平台的算法机制是不容忽视的重要环节。目前,抖音平台采用去中心化的流量分配逻辑,本节将介绍短视频的推荐算法机制,让你的短视频获得更多平台流量,轻松上热门。

7.1.1 算法机制分析

简单来说,算法机制就像是一套评判规则,这个规则作用于平台上所有的用户(包括运营者和用户),用户在平台上所有的行为被系统记录,同时系统根据这些行为判断用户的性质,将用户分为优质用户、流失用户、潜在用户等类型。

例如,某个运营者在平台上发布了一个短视频,此时算法机制就会考量这个短视频的各项数据指标,判断短视频内容的优劣。如果算法机制判断该短视频为优质内容,则继续在平台上对其进行推荐,否则不再提供流量扶持。

如果运营者想知道抖音平台当下的流行趋势是什么,平台最喜欢推荐哪种类型的视频,此时,运营者可以注册一个新的抖音账号,然后记录前30条刷到的视频内容,每个视频都完全看完,这样算法机制无法判断运营者的喜好,因此会推荐当前平台上最受欢迎的短视频内容。

运营者可以根据平台的算法机制调整自己的内容细节,让自己的内容能够最大化地迎合平台的算法机制,从而获得更多流量。

7.1.2 抖音算法机制

抖音通过智能化的算法机制分析运营者发布的内容和观众的行为,例如点赞、停留、评论、转发、关注等,从而了解每个人的兴趣,并给内容和账号打上对应的标签,从而实现彼此的精准匹配。

在这种算法机制下,好的内容能够获得观众的关注,也就是获得精准的流量;观众可以看到自己想看的内容,从而持续在这个平台上停留;同时,平台则获得了更多的高频用户,可以说是"一举三得"。

运营者发布到抖音平台上的短视频内容需要经过层层审核,才能被大众看到,其背后的主要算法逻辑分为 3 个部分,如图 7-1 所示。

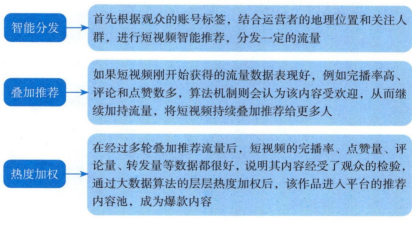

图 7-1

7.1.3 流量赛马机制

抖音短视频的算法机制其实是一种流量赛马机制,也可以看成是一个漏斗模型,如图 7-2 所示。

第 7 章 引流：粉丝资源快速裂变

8次曝光	3000万左右曝光量
7次曝光	1000万左右曝光量
6次曝光	200万左右曝光量
5次曝光	50万左右曝光量
4次曝光	10万左右曝光量
3次曝光	1万左右曝光量
2次曝光	3000左右曝光量
首次曝光	300左右曝光量

图 7-2

运营者发布内容后，抖音会将同一时间发布的所有视频放到一个池子里，给予一定的基础推荐流量，然后根据这些流量的反馈情况进行数据筛选，选出分数较高的内容，将其放到下一个流量池中，数据差的内容系统暂时不会继续推荐。

也就是说，在抖音平台上，内容的竞争相当于赛马一样，通过算法将差的内容淘汰。图 7-3 为流量赛马机制的相关流程。

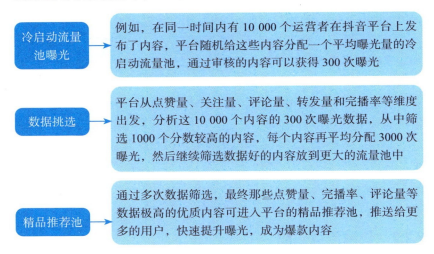

- **冷启动流量池曝光** → 例如，在同一时间内有 10 000 个运营者在抖音平台上发布了内容，平台随机给这些内容分配一个平均曝光量的冷启动流量池，通过审核的内容可以获得 300 次曝光

- **数据挑选** → 平台从点赞量、关注量、评论量、转发量和完播率等维度出发，分析这 10 000 个内容的 300 次曝光数据，从中筛选 1000 个分数较高的内容，每个内容再平均分配 3000 次曝光，然后继续筛选数据好的内容放到更大的流量池中

- **精品推荐池** → 通过多次数据筛选，最终那些点赞量、完播率、评论量等数据极高的优质内容可进入平台的精品推荐池，推送给更多的用户，快速提升曝光，成为爆款内容

图 7-3

7.2 提升搜索流量

在抖音短视频的"商城"界面中,用户有着非常明确的交易属性,因此搜索流量是非常精准、优质的被动流量,其转化率甚至不亚于短视频的流量。只要运营者的短视频文案或商品标题与用户搜索的关键字相匹配,就有机会获得展现并带来流量和转化。本节主要介绍提升搜索流量的技巧,帮助运营者使用抖音短视频快速打造爆款、提升口碑、引爆流量、做成品牌。

7.2.1 精准性是前提

对于电商行业来说,流量的重要性是不言而喻的,很多商家都在利用各种各样的方法为店铺和商品引流,希望能够提升商品销量,打造爆款。流量的提升说难不难,说容易也不容易,关键是看你怎么做,舍得花钱的可以采用付费渠道引流,规模小的店铺则可以充分利用免费流量提升商品曝光量。

这一点在抖音短视频平台上也是一样的,运营者所做的图文、短视频内容,都要围绕能够直接种草或引流,并为最终 GMV(gross merchandise volume,成交总额)转化服务,也就是说流量一定要精准。

例如,很多运营者在抖音上拍摄段子,然后在剧情中植入商品。拍段子相对来说比较容易吸引用户关注,也容易产生爆款内容,能够有效触达更多的用户,但获得的往往是"泛流量",用户关注更多的是内容,而不是商品。很多运营者内容做得非常好,但转化效果却很差,通常就是流量不精准造成的。

当然,并不是说这种流量一无是处,有流量自然好于没有流量,但是运营者更应该注重流量的精准度。如果一定要拍段子,就要注意场景的代入,在段子中突出商品的需求场景及使用场景,这样的内容更符合抖音的算法机制,从而获得更多的曝光量。

7.2.2 长尾流量效应

长尾流量是指前期和后期都可以获得流量,具有长尾效应。如今,搜索业务已经成为抖音乃至整个"字节系"产品的重中之重，未来将更加深度地整合搜索与电商业务。为此，今日头条还专门发布了《2021今日头条年度搜索报告》，从年度热词、新闻等多个维度回顾了过去一年中人们搜索的内容，如图7-4所示。

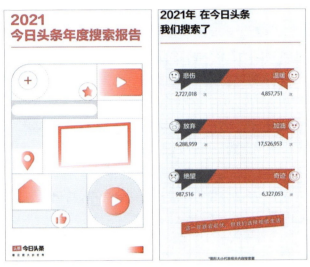

图 7-4

从今日头条的搜索数据量来看，字节跳动的搜索业务已经非常成熟，在抖音电商中布局搜索功能也如鱼得水，而且抖音上某些关键字的搜索指数甚至已经超过百度。

另外，抖音还向百度搜索开放了索引，这就意味着用户可以直接在百度中搜索到抖音的内容，如图7-5所示。

图 7-5

运营者发布的作品可以获得来自百度的搜索流量，从而触达更多的抖音站外流量。而且，搜索流量是一种长尾流量，一旦布局将终身受益，最重要的是这种流量完全是免费的。

7.2.3 解析搜索流量

搜索优化是每个电商运营者必须知道的技术，目的就是让更多的人知道或者看到自己店铺内的商品。

在抖音 App 的"首页"界面上方，可以看到一个搜索图标，点击图标即可进入搜索界面，例如，在搜索框中输入关键词"美甲"，下面就会自动弹出"美甲"的关键词信息，如"美甲贴片""美甲教程初学者""美甲团购"等，如图 7-6 所示。

点击"搜索"按钮，切换至"商品"界面，在搜索结果中，系统根据店铺好评率、产品销量等维度进行综合排序，将热卖商品排在前面，如图 7-7 所示。

图 7-6　　　　　　图 7-7

抖音通过完善搜索功能，不仅可以让流量的分配变得更加均衡，还能够降低对平台算法机制的依赖，同时也从侧面证明了平台上商品种类的丰富度，已经达到了满足用户搜索下单的需求。

抖音的自然搜索流量排名规则主要包括综合、销量和价格等排序方式，同时还可以搜索相关的直播、视频和用户等。用户可以在抖音"首页"界面点击右上角的搜索图标，进入搜索界面进行搜索，也可以在抖音"商城"界面内的搜索框中进行搜索。相对"首页"界面的搜索，在抖音"商城"界面内搜索的流量更精准，因为用户从"首页"界面进入搜索界面进行搜索，大部分是为了观看短视频，但是在"商城"界面则是为了商品。下面对一些常见的搜索进行介绍。

1. 综合排序

综合排序是根据运营者的商品在一段时间内产生的销量、价格、质量、售后和商品评分等条件，进行综合评分、排名并更新的。例如，打开抖音 App，在底部点击"商城"按钮，进入"商城"界面，在搜索框中输入"女鞋夏"关键词，点击"搜索"按钮，即可在搜索结果中查看以综合排序的方式排列的所有商品，如图 7-8 所示。

运营者可以通过提高商品质量分，或者利用推广工具提升商品的基础数据，以及综合排序的自然搜索排名。

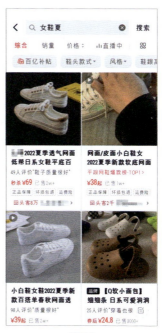

图 7-8

2. 销量排序

切换至"销量"界面,可以看到销量排序主要是根据商品近期的销量数据进行排名的,并采用个性化的展示逻辑。排名靠前的商品基本都是销量上万的商品,如图 7-9 所示。

不过,细心的运营者可能会发现,很多商品的销量明明比较低,但却能够排在前面,这是因为销量排序依据的是商品近一段时间的销量,而搜索结果界面展现的是商品的所有销量,所以只要做好近期的销量,即可获得更好的销量排名。

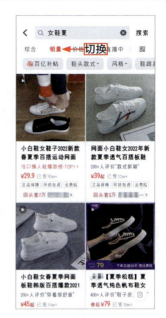

图 7-9

3. 价格排序

切换至"价格"界面,可以看到价格排序主要根据商品价格从高到低或者从低到高进行排序,并采用个性化的展示逻辑,如图 7-10 所示。运营者可以通过提高商品质量分,或者利用付费推广和营销活动等方式提升商品的权重,获得更好的价格排名。

图 7-10

4. 直播中搜索

运营者可以点击"直播中"按钮，筛选所有正在卖"女鞋夏"产品的直播间并且按照价格由低到高进行排序，如图 7-11 所示。即使是新开通的抖店，只要运营者利用好直播带货，也可以在抖音平台上获得较高的搜索权重。

图 7-11

5. 用户搜索

在抖音"首页"界面点击搜索图标，进入搜索界面，在搜索框中输入"华为"进行搜索，点击"搜索"按钮，切换至"用户"界面，即可在搜索结果中看到所有与关键词相关的用户账号，如图 7-12 所示。

在"用户"搜索结果界面，运营者的名字只要包含了用户搜索的关键词，即可被用户搜索到，同时还可以点击右侧的"关注"按钮直接关注。

图 7-12

7.2.4 解析排名原理

搜索流量主要来自抖音 App 的搜索入口,自然搜索流量是免费的流量,它引来的流量非常精准,能够有效提高商品的转化率。例如,某用户在抖音上的"商城"界面搜索"床单三件套"时,在下拉框点击了相应的拓展关键词,然后在搜索结果中点击了你的商品主图,这就是免费的自然搜索流量,如图 7-13 所示。

图 7-13

搜索排名受到诸多因素的影响,具体包括商品标题、关键词适配度、上架时间、点击率、转化率、产品类目、销量、客单价、售后服务、质量评分和商品评价等,而且这些因素对于搜索排名的影响作用有大有小,同时搜索结果还会遵循个性化的展示逻辑。

做过抖音或者其他电商平台的运营者都知道商品标题的重要性,但至于为什么要做好标题,标题到底有什么作用,可能一知半解。正确的标题有以下两个原则。

(1)效果:获得的搜索词组合越多越好,同时搜索人气越高越好。

（2）前提：标题中的关键词跟产品高度相关，不要顾虑这些词的竞争度。

运营者在设计商品标题时，可以采用包含性规则，即在商品标题中包含某个关键词，就能被用户搜到。图 7-14 为不同关键词搜索的结果，可以看到在搜索"男士袜子"这个商品时，在搜索词中不体现"士"这个字，也能被用户搜索出来。

图 7-14

从图中可以看到，搜索"男士袜子"这个关键词时，在一些商品标题中，部分词并没有完全连在一起出现，说明这个关键词是可以拆分的，例如"袜子""男"和"男士"都是可以分开的。

运营者只要在对应类目中找到符合商品属性的关键词，然后经过拆分组合形成标题即可。也就是说，标题经过拆分组合可以形成更多的词组。因此，在编制商品标题的时候，运营者不要只按照常规顺序选词，还要分析更多潜在的关键词组合，否则会错过很多搜索流量。

搜索流量的基本公式为"搜索流量＝搜索展现量 × 搜索点击率"。其中，搜索展现量是由平台决定的，而搜索点击率则是由用户决定的。

在这两个指标中,运营者都可以进行优化调整,提升搜索流量。在抖音平台上,商品想要获得展现量和流量,还必须了解搜索流量的构成模型,如图 7-15 所示。

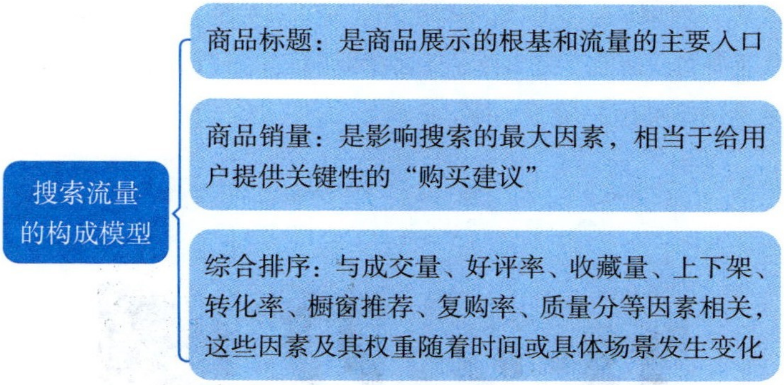

搜索流量的构成模型

- 商品标题:是商品展示的根基和流量的主要入口
- 商品销量:是影响搜索的最大因素,相当于给用户提供关键性的"购买建议"
- 综合排序:与成交量、好评率、收藏量、上下架、转化率、橱窗推荐、复购率、质量分等因素相关,这些因素及其权重随着时间或具体场景发生变化

图 7-15

当用户搜索一个关键词的时候,抖音的搜索机制会在后台筛选相关的商品,最终选择 SEO(search engine optimization,搜索引擎优化)做得好的商品展示在前面。如果运营者在发布商品时,类目属性放错了,或者商品的标题不够准确,抑或是店铺的相关性不够高,商品就会被搜索引擎筛选掉,这是抖音 SEO 精准性"小而美"的体现,也是所有运营者需要注意的地方。搜索优化的关键指标可以从以下 3 个方面分析。

(1)点击量:基数越大,质量分就越高,搜索权重也就越高,排名也会越靠前。

(2)点击率:需细心优化,证明这个商品是受大家喜爱的,才能获得系统更多的流量扶持。

(3)转化率:提升用户体验,满足其消费习惯和需求,实现长期盈利的目的。

在同等的推广费用情况下,商品的点击率越高,获得的点击量越大,平均点击扣费(获客成本)相对就会越低,商家盈利也会越多。

搜索排名的匹配是由商品标签（所在类目、属性、标题关键字）和用户标签共同决定的。其中，用户标签的组成部分如下。

（1）用户基本属性：用户在注册平台账号时设置的基本资料，如年龄、地区、性别等，这些资料形成部分基本标签。不过，用户可能会随时修改这些资料，因此这种标签的稳定性比较差。

（2）用户行为标签：用户浏览、加购、购买某个商品的记录，形成用户行为标签，这种老顾客标签对于搜索结果的影响非常大。

如果运营者无法在短期内快速拉新，不妨回头看看自己的老用户，这些老用户的作用是新用户无法替代的。维护老用户不仅可以帮助运营者减少广告支出、沟通成本和服务成本，还能获得相对稳定的销量。运营者在打造爆款商品时，可以转换思路，利用用户标签吸引和维护店铺的老用户，让店铺的生意更长久、更火爆。

搜索引擎会计算商品的综合分数，综合分数越高，在综合排序中排在前面的时间就越长。最后，系统按照所有商品各自获得的综合分数排序，将其一个个排列在搜索结果页面中，等待用户选择和点击。当然，如果店铺还没有老用户，那么运营者可以根据产品的人群定位选择精准的关键词作为引导标签，并通过优化商品"内功"，为商品打上精准的用户标签。

7.2.5　关键词布局技巧

关键词指的是用户在搜索时键入的能够表达用户个体需求的词。关键词在抖音平台上起到用户索引和匹配商品的作用。系统通过搜索识别商品标题，将其拆分成词根，进行检索匹配。图7-16为关键词的排序规则。

图7-17为关键词匹配的4大逻辑。运营者在设置商品标题的关键词时，注意采用热词优先的基本原则，即根据后台的数据，先布局热搜词和热搜词的下拉词作为标题。同时，运营者在做标题时还需要注意设置合理的词序。

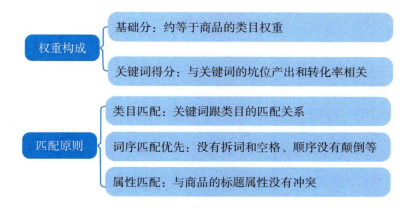

图 7-16

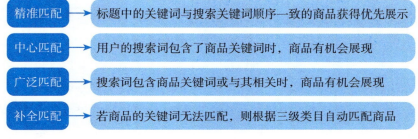

图 7-17

从关键词的属性来看,可以分为物理属性关键词和抽象属性关键词。

(1)物理属性关键词:从商品的图片上可以看出来的关键词就是物理属性关键词。例如,"高腰""短裤""A 字阔腿"等这些词都属于物理属性关键词,如图 7-18 所示。

(2)抽象属性关键词:是指概念和人群需求比较模糊,难以界定属性的产品关键词。如图 7-19 所示,标题中的"夏季新款""显瘦""宽松"等关键词,在图中并不能很好地进行判断和界定,这些关键词就是抽象属性关键词。

用户在抖音平台上搜索某个商品关键词时,在众多的商品中系统有一个搜索排名规则,搜索排名越靠前,在展现页面中的位置也会相对应的靠前。这个搜索排名就是靠关键词权重衡量的,运营者要对商品关键词的权重有一定的把握。搜索流量可以为店铺带来最精准的访客,转化和销量自然也会更好。图 7-20 为优化关键词权重的要点。

第 7 章　引流：粉丝资源快速裂变

图 7-18　　　　　　　　图 7-19

图 7-20

关键词的选择精髓在于两个字——"加减"，运营者需要不断地根据数据的反馈加减关键词。选择关键词的相关技巧如下。

（1）关键词的数量足够多。在商品标题中，精准关键词的数量越多，获得的曝光量自然会越大。

（2）关键词的搜索热度高。搜索热度是指关键词搜索次数，数值越大，代表搜索次数越多。搜索热度低的关键词说明其搜索人气也非常低，搜索该关键词的用户群体自然也会很少，从而影响关键词的整体曝光量。

（3）选取的关键词要足够精准。如果运营者选择的关键词与商品属性相差比较大，或者毫无关系，也会影响商品的整体曝光量。

7.3 吸粉带来销量

如今，短视频已经成为新的流量红利阵地，具有高效曝光、快速涨粉和有效变现等优势。另外，运营者还可以利用站外渠道给自己的短视频引流，在增加账号粉丝量的同时，为商品带来更多的流量和销量。

7.3.1 原创内容引流

对于有短视频制作能力的运营者来说，原创内容引流是最好的选择。运营者可以把制作好的原创视频发布到抖音平台，同时在账号资料部分进行引流，如昵称、个人简介等地方，都可以留下微信等联系方式。

短视频平台上的年轻观众偏爱热门和创意有趣的内容，同时在抖音官方介绍中，抖音鼓励的视频是：场景化、画面清晰，记录自己的日常生活，内容健康向上，多人类、剧情类、才艺类、心得分享、搞笑等多样化内容，不拘于一个风格。运营者在制作原创商品视频内容时，可以记住这些原则，让作品获得更多推荐。

7.3.2 抖音热搜引流

对于短视频的运营者来说，蹭热词已经成为一项重要的技能。运营者可以利用抖音热搜寻找当下的热词，并让自己的短视频高度匹配这些热词，得到更多的曝光。下面总结了3个利用抖音热搜引流的方法，如图7-21所示。

第7章 引流：粉丝资源快速裂变

利用抖音热搜引流的方法
视频标题文案紧扣热词，提升搜索匹配的优先级，话题与热词吻合，使用带有包含热词的话题
视频选用的背景音乐与热词的关联度较高，可以参考抖音热门音乐榜单中的背景音乐
运营者的账号命名踩中热词，曝光概率会大幅增加

图 7-21

7.3.3 首页推荐引流

运营者知道，短视频如果能被平台推荐到首页，也就代表着该短视频能拥有更多的流量和曝光。如果视频内容比较优质，还能快速为自己的账号积累粉丝。那么怎么做才能让自己的短视频被推荐到首页呢？

平台会对短视频的观看、点赞、评论和转发等数据进行分析，因为这些数据反映了用户对短视频的偏好，也反映了该短视频的创作质量。下面我们将对这几个营销短视频上首页推荐的条件具体分析，如图 7-22 所示。

观看量	是指看这个视频的人有多少，视频的观看量直接影响视频的排名情况，视频的观看量越大，排名越靠前，曝光量越高
点赞量	是指有多少人认同这个视频，也代表着视频在用户心目中起到了作用，点赞量影响着视频的热度，是上首页推荐的因素之一
评论量	评论量和点赞量一样，同样是代表视频受欢迎的程度，而且通过评论内容也可以看出观看该视频的用户的反响如何
转发量	是指视频发布后获得多少转发，也是用户查看视频后的二次操作，转发量越多说明视频越受欢迎，上首页的概率也越大

图 7-22

除此之外，用户在视频浏览过程中的播放时长占比也是平台对视频进行质量判断的标准之一，具体分析如图 7-23 所示。

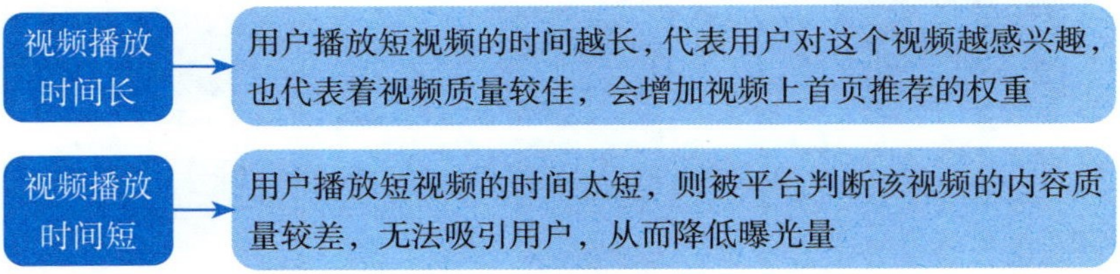

| 视频播放时间长 | → | 用户播放短视频的时间越长，代表用户对这个视频越感兴趣，也代表着视频质量较佳，会增加视频上首页推荐的权重 |
| 视频播放时间短 | → | 用户播放短视频的时间太短，则被平台判断该视频的内容质量较差，无法吸引用户，从而降低曝光量 |

图 7-23

运营者要用以不变应万变的心态去创作视频，积极主动地提升自己的视频质量。当你的视频内容能牢牢抓住用户眼球的时候，视频自然而然会收获用户的喜爱，轻轻松松获得短视频的首页推荐。

7.3.4 话题活动引流

除了首页推荐引流，运营者在推广内容时还可以采用话题活动引流的方式，获得更多关注和更大影响。任何内容的运营推广，都需要两个基础条件，即足够多的粉丝数量和与粉丝之间拥有较为紧密的关系。

运营者只要紧紧地扣住这两点，通过各种话题活动为自己造势，增加自己的曝光度，就能获得很多粉丝。为了与这些粉丝保持紧密关系，运营者可以参与平台的各种活动创作短视频，从而为自己的账号造势，增加其曝光度收获粉丝。

例如，抖音平台定期推出一些话题活动，通过"抖音小助手"私信发给用户。运营者可以积极参与拍摄短视频，如果在活动中表现突出，不仅可以获得抖音平台官方的礼品或奖励，还有机会上活动首页。话题活动引流能够让平台给账号带来更多曝光，从而让你的短视频被更多人看见，为自己引流。

除此之外，运营者可以在话题活动视频的评论区为自己的作品拉票，这样也相当于给自己引流吸粉。

7.3.5 评论功能引流

评论引流是最容易被忽视的引流方式，但并不代表着这种引流方式毫无用处，恰恰相反，它能够轻易地引起用户的共鸣，得到用户的关注和点赞。运营者可以通过关注同行业或同领域的相关账号，评论他们的热门作品，并在评论中打广告，给自己的账号或者产品引流。

评论热门作品引流主要有两种方法。

（1）直接评论热门作品：特点是流量大，但竞争也大。

（2）评论同行的作品：特点是流量小，但粉丝精准。

7.3.6 线下 POI 引流

短视频的引流是多方向的，既可以从平台的公域流量池或者跨平台引流到账号本身，也可以将自己的私域流量引导至其他的线上平台。尤其是本地化的账号，还可以通过短视频给自己的线下实体店铺引流。

例如，用抖音给线下店铺引流的最佳方式就是开通企业号，并利用"认领 POI 地址"功能，在 POI（point of interest，兴趣点）地址页展示店铺的基本信息，实现线上到线下的流量转化。

当然，要成功引流，运营者还必须持续输出优质的内容、保证稳定的更新频率并多与用户互动，打造好自身的产品，做到这些才能为店铺带来长期的流量。

7.3.7 热门话题引流

不管是做短视频还是其他内容形式，只要内容与热点挂钩，通常都能得到极大程度的曝光量，因此，热门话题引流能让你的账号快速得到许多用户的点赞和关注。那么，如何利用热门话题，让短视频播放量快速破百万呢？

大家千万不要小看了抖音的"热点"功能，尤其是对于想涨粉和带货的运营者来说，一定要多留意这些热门话题挑战赛。热点的传播速度非常快，运营者只要在热点出现的第一时间，马上发布一个蹭热门话题的短视频，即可大幅增加播放量和粉丝量的提升概率。

运营者可以点击"首页"界面中的搜索图标，进入搜索界面，下滑至最底部即可看到"查看完整热点榜"按钮，如图 7-24 所示，点击该按钮，即可进入"抖音热榜"界面，如图 7-25 所示。

图 7-24

图 7-25

❶切换至"挑战榜"选项卡；❷点击相应热门话题右侧的"立即参与"按钮，即可参加该热门话题挑战赛，如图 7-26 所示。另外，运营者也可以在"挑战榜"上的短视频播放界面中点击"拍同款"按钮，快速拍摄带同款热点话题的短视频，如图 7-27 所示。

运营者发布短视频后，平台根据这个热点的热度，以及内容与热门话题的相关性，为短视频分配相应的流量。

第 7 章　引流：粉丝资源快速裂变

图 7-26

图 7-27

7.3.8　爆款视频引流

种草是一个网络流行语，表示分享推荐某一商品的优秀品质，从而激发他人购买欲望的行为。如今随着短视频的火爆，带货能力更好的种草视频也开始在各大新媒体和电商平台中流行起来。

相对于图文内容来说，短视频可以使产品种草的效率大幅提升。种草视频有着得天独厚的引流和带货优势，可以让用户的购物欲望变得更加强烈，其主要优势如图 7-28 所示。

种草视频的主要优势：
- 能够直观地展示产品颜值、品质等卖点
- 立竿见影地展现产品使用效果，产生最直接的诱惑
- 通过用户的真实反馈，真切地传递产品的使用感受

图 7-28

在抖音 App 中也设置了拍摄和上传种草视频的功能，目的是为了激励更多年轻人群体成为好物分享达人。种草视频不仅可以告诉潜在用户产品的优势，还可以快速与他们建立信任关系，这样更容易引起他们的关注。图 7-29 为种草视频的基本类型。

混剪解说类	通过收集同行业账号的视频素材，或者其他种草平台的相关图片和文案进行混剪，重新配音和加字幕进行二次创作，能够快速、低成本地产出大量带货视频，但存在版权风险
商品展示类	纯粹在视频中展示商品，没有真人出镜和口播，但注意拍摄环境要干净整洁、光线明亮，同时视频能够呈现商品的最大亮点和使用效果的前后对比，并选用热门背景音乐
口播视频类	在视频中展示商品的同时加上真人口播，真人不用出镜，可以通过口播带货文案和字幕来打动消费者
线下带货类	对于拥有线下实体店铺、企业或工厂的运营者来说，可以将这些线下场景作为视频的拍摄背景，在视频中展示产品的生产环境或制作过程，能够体现运营者的备货、供货能力

图 7-29

如图 7-30 所示，通过将商品仓库作为视频拍摄背景，能够将商品的原始面貌展现给用户，更真实、更容易实现转化。

任何事物的火爆都需要借助外力，而爆品的锻造升级也是如此。在这个产品繁多、信息爆炸的时代，如何引爆商品是每一个抖音运营者都应该思考的问题。从种草视频的角度来看，打造爆款需要做到以下几点，如图 7-31 所示。

图 7-30

打造爆款种草视频的关键点
- 视频前 3 s 展现精华,快速把用户带入营销场景
- 提供商品之外的有价值或能产生情感共鸣的信息
- 真实地还原商品的使用体验和效果,可信度要高
- 建立独有的标签打造人设,形成个性化的辨识度

图 7-31

7.3.9 DOU+ 付费推广

DOU＋上热门是一款视频"加热"工具,可以将视频推荐给更多兴趣用户,提升视频的播放量与互动量,还可以提升视频中带货产品的点击率。

运营者可以在抖音上打开该视频,点击"分享"按钮,在弹出的"分享给朋友"对话框中点击"帮上热门"按钮,如图7-32所示。执行操作后,即可默认进入DOU+上热门的"速推版"界面,如图7-33所示。

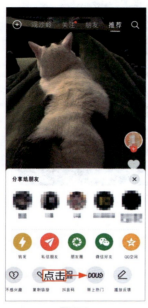

图7-32　　　　　　　　图7-33

在DOU+上热门"速推版"界面中,运营者可以选择智能推荐人数,系统显示预计转化数并统计投放金额,确认支付即可,如图7-34所示。

❶切换至"定向版"界面;❷在"把视频推荐给潜在兴趣用户"选项区中,选中"自定义定向推荐"单选按钮,还可以设置潜在用户的性别、年龄、地域、兴趣标签和达人相似粉丝等属性,如图7-35所示。

DOU+上热门工具适合有店铺、产品、广告资源、优质内容等但账号流量不足的运营者。投放DOU+的视频必须是原创视频,内容完整度好,视频时长超过7 s,并且没有其他App水印和非抖音站内的贴纸或特效。

第 7 章 引流：粉丝资源快速裂变

图 7-34　　　　　　　　图 7-35

需要注意的是，系统会默认推荐给可能感兴趣的用户，建议有经验的运营者选择自定义投放模式，根据店铺实际的精准目标消费群体选择投放用户。投放 DOU ＋后，运营者可以在设置界面中选择"DOU ＋订单管理"选项进入其界面，查看订单详情。只要运营者的内容足够优秀，广告足够有创意，就有很大概率将这些用户转化为留存用户，甚至变为二次传播的跳板。

7.3.10　小店随心推引流

"小店随心推"是一款专用于推广抖音小店商品的轻量级广告产品，是为了适配电商营销场景而打造的 DOU ＋电商专属版本，与抖店的结合更紧密，有助于电商营销新手在移动端更好地推广店铺商品。

运营者可以打开抖音 App，在底部点击"我"按钮，进入"我"界面，点击右上角的 按钮，弹出相应列表，点击"创作者服务中心"按钮，进入创作者服务中心界面，点击"全部分类"按钮，在"进阶服务"

199

选项区中点击"小店随心推"按钮进入其界面,选择推广视频或直播,如图 7-36 所示。

图 7-36

7.3.11 利用私域流量引流

运营者可以将抖音上的带货短视频或直播间分享至微信好友、朋友圈、QQ 空间及微博等站外社交媒体平台,通过私域流量给产品引流。

下面以微信为例介绍分享抖音视频的具体操作方法。在抖音上打开要分享的视频,点击"分享"按钮,在弹出的"分享给朋友"对话框中点击"微信好友"按钮,弹出相应对话框,运营者可以通过"发送视频到微信"或"复制口令发给好友"这两种方式来分享视频,如图 7-37 所示。

相比之下,通过"发送视频到微信"的方式虽然要下载视频,但其展示效果更好,收到视频的用户直接在微信聊天界面中点击该视频,即可打开查看视频内容，同时还会展示运营者的抖音账号，引流效果更好。

图 7-37

"复制口令发给好友"则需要用户复制该口令，然后去抖音中查看短视频，用户可以直接在视频中下单，这种方式的转化率更好。

运营者需要注意的是，在社交媒体上发布带货内容时，由于一些不恰当的刷屏，常常会受到好友或粉丝的排斥、屏蔽、拉黑，这样使带货效果大打折扣，还会影响与好友的感情。

运营者想要在社交媒体上赢得好友和粉丝的好感，增加信任度，需要多提升自己的存在感。例如，"颜值"高的运营者可以展现帅气、甜美的形象，"颜值"越高吸引力越强，可以间接引发情感上的共鸣。

在社交媒体上，运营者除了在营销时需要发产品的短视频和基本信息以外，为了让粉丝信任自己，也可以分享一些工作内容、工作环境、工作进展等，这些都是与粉丝拉近关系的情感利器。

Chapter 08

营销：
用户关注引爆流量

在抖音平台上，通过营销推广可以快速获得粉丝。直播作为最常见的短视频账号推广方式，能够挖掘平台上的更多隐性流量，给产品和店铺带来更多的展示机会。因此，除了短视频外，视频直播也可以吸粉引流，让商家和运营者获得长久的流量曝光和转化效果。

8.1 优惠促销商品

优惠券是抖音商家最常用的营销工具,能够快速提升 GMV 和销售额,是商家打造爆款的"不二法宝"。很多用户在抖音平台上购买商品时,都希望能够获得一些优惠。此时,商家和运营者就可以在短视频或者直播中发放优惠券进行促销,让用户觉得使用优惠券后的商品价格更划算。本节将为大家介绍抖音电商平台上的优惠券使用方法。

8.1.1 商品优惠券

商品优惠券是针对店铺中的指定商品使用的优惠券,可以帮助商家和运营者实现爆款促销和交易额破零等目标。同时,商品优惠券也是一种间接、灵活的价格调整策略,能够帮助商家和运营者有效打败竞品和打造爆款。

下面介绍创建商品优惠券的操作方法。

Step 01 进入抖店后台,单击菜单栏中的"营销中心"按钮,如图 8-1 所示。

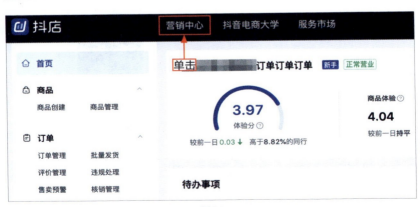

图 8-1

Step 02 执行操作后,进入"抖店 | 营销中心"页面,❶在左侧导航栏中

选择"营销工具"|"优惠券"选项,进入"新建优惠券"页面;❷在"商品优惠券"选项区中单击"立即新建"按钮,如图 8-2 所示。

图 8-2

Step 03 执行操作后,进入"新建商品优惠券"页面,在此设置优惠券的名称、类型(指定商品直减券、指定商品折扣券、指定商品满减券)、满减面额、领取时间、使用时间、日期范围和发放量,如图 8-3 所示。

图 8-3

Step 04 设置完成后单击"提交"按钮,用户在商品的优惠信息中便可以看到和领取商品优惠券,如图 8-4 所示。

第 8 章 营销：用户关注引爆流量

图 8-4

> **特别提醒** 关于抖店的入驻与管理，在本书的第 9 章中有详细介绍。

8.1.2 店铺粉丝券

店铺粉丝券是指用户关注店铺即可获得的优惠券，能够帮助店铺快速获取大量粉丝。图 8-5 为店铺粉丝券的设置页面，基本选项与商品优惠券一致。

商家可以使用创建了店铺粉丝券的账号进行直播，点击直播界面下方的购物车图标，如图 8-6 所示。执行操作后，弹出"直播商品"对话框，点击"发券"按钮，如图 8-7 所示。

图 8-5

图 8-6

图 8-7

执行操作后,弹出"优惠券"对话框,点击"粉丝专享"优惠券中的"立即发券"按钮,如图 8-8 所示,即可将店铺粉丝券发布到直播间中。主播在直播间讲解商品时,可以口播优惠券的促销信息,多方位加强用户对于优惠的感知。

第8章 营销：用户关注引爆流量

图 8-8

店铺粉丝券是商家通过店铺绑定的官方账号直播间发放的，用户需要关注该抖音账号才能领取，有助于将直播间的用户转化为自己的粉丝，提升直播间的涨粉能力。同时，商家通过发放粉丝专享福利，有助于增强用户黏性。

8.1.3 达人粉丝券

达人粉丝券是一种由商家创建然后发放给指定达人的定向渠道优惠券，其成本由商家自行承担，可以实现同一商品在不同达人带货时有不同的价格，有助于提升合作达人的直播间转化效果，同时提升达人的用户黏性，实现合作共赢。

图 8-9 为达人粉丝券的设置页面，比商品优惠券多了一个"达人 uid"（UserId，使用者辩证码）选项，商家需向合作达人咨询获取。

图 8-9

达人可以进入抖音 App 的"设置"界面，在该界面底部点击灰色的文字，如图 8-10 所示。苹果手机需点击 4 次，安卓手机需连续点击

5次，即可看到抖音 uid，如图 8-11 所示。

图 8-10　　　　图 8-11

主播在直播间带货时，可以在优惠券列表中看到商家定向为自己发放的达人粉丝券，可在直播时发放，如图 8-12 所示。注意，用户只能在指定达人的直播间领取达人粉丝券，而且该优惠券不会自动展示在商品列表、商详页、店铺页。如果用户没有关注达人，则在领券时页面会提示需要订阅主播后才能领取，如图 8-13 所示。

图 8-12　　　　图 8-13

8.1.4 店铺新人券

店铺新人券是针对从来没有在店铺消费过的用户的专属优惠券，用户领券后购买商品时可抵扣对应面额的订单金额，能够有效提升直播间的新用户转化效果，完成店铺的拉新目标。图 8-14 为店铺新人券的设置页面，其"优惠券类型"固定为"店铺满减券"，且"每人限领"的数量为 1 张，这些都是无法修改的。

图 8-14

商家创建的店铺新人券，将展示到直播间的左上角与"优惠"面板、商详页与商详页的"优惠"面板、个人券中心等，同时还会给出"新人券"或"新人专享"的标识，如图 8-15 所示。

特别提醒　商家创建的店铺新人券生效后，将自动发放到绑定该店铺的抖音号直播间中，商家或主播无须再去其他平台手动发放。需要注意的是，新人券默认的可用范围为全店铺商品，因此商家需谨慎设置面额。

图 8-15

8.1.5 全店通用券

全店通用券适用于店铺中的所有商品,通过提供价格优惠力度引导用户下单,其展示效果如图 8-16 所示。

全店通用券的主要功能如图 8-17 所示。

图 8-16

第 8 章 营销：用户关注引爆流量

```
                    ┌─ 促进店铺商品的曝光，让店铺获得更多的流量
       全店通用券   │
       的主要功能  ─┤  提升直播间的人气和用户转化率
                    │
                    └─ 提高商品橱窗访问量和投入产出比
```

图 8-17

另外，商家还可以通过抖店后台的装修设计功能，将该优惠券展示到店铺首页中，强化促销效果，提升用户领取率，如图 8-18 所示。

图 8-18

8.2 商品营销工具

在移动互联网时代，电商的营销不再是过去那种"砸墙抢夺流量"的方式，而是以粉丝为核心，所有商家和运营者都在积极打造忠诚的粉丝社群体系，这样才能让店铺走得更加长远。

在抖音的运营过程中，使用抖音电商平台提供的营销工具就是一种快速获得粉丝的方法，能够更好地为店铺引入流量，给产品和店铺带来更多的展示机会，并有效促进用户的下单转化。

8.2.1 限时限量购

抖音电商的限时限量购营销工具也称为"秒杀"，通过对折扣促销的产品货量和销售时间进行限定，实现"饥饿营销"的目的，可以

快速提升店铺人气和 GMV。用户需要在商家设置的活动时间内抢购活动商品，一旦超出活动时间或活动库存售罄，商品将立即恢复原价。下面介绍设置限时限量购活动的操作方法。

Step 01 进入"抖店｜营销中心"页面，❶在左侧导航栏中选择"营销工具"｜"限时限量购"选项；❷单击右上角的"立即创建"按钮，如图 8-19 所示。

图 8-19

Step 02 进入"新建活动"页面，在"设置基础规则"选项区中设置各选项，如图 8-20 所示。其中，"活动类型"默认为"限时限量促销"；在"活动名称"文本框中可输入 1～5 个中文名称；"活动时间"可选择"按开始结束时间设置"（填写限时限量购活动的开始时间和结束时间）或"按时间段选择"（可选择活动生效后的持续时间）；"订单取消时间"是指用户提交订单后，如果一直未支付，订单自动取消的时间，建议设置为 5 min；在"是否预热"选项区中，选中"不预热"单选按钮后会在用户端的商详页中直接展示"距离结束"的活动倒计时，选中"预热"单选按钮后还需设置预热持续时间，同时商详页展示"距离开抢"的活动倒计时。

Step 03 接下来选择商品，❶单击"添加商品"按钮，弹出"选择商品"窗口；❷在"商品 ID/ 名称"列表中选中参加活动商品前的复选框；❸单击"选择"按钮，即可完成商品的选择，如图 8-21 所示。注意，最多可添加 50 个商品。

第 8 章 营销：用户关注引爆流量

图 8-20

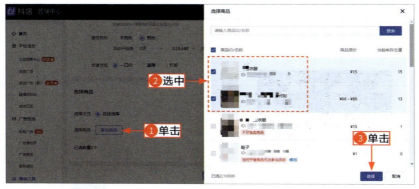

图 8-21

> **特别提醒**
>
> 在"设置基础规则"选项区中，商家还可以设置"优惠方式"选项，该选项将影响活动商品的价格设置方式，具体包括以下 3 个选项。
>
> （1）一口价：优惠形式为"一口价"，可直接填写优惠价格。
>
> （2）直降：优惠形式为"直降×元"，可直接填写直降金额。
>
> （3）打折：优惠形式为"××折"，可直接填写折扣系数。

213

Step 04 ❶ 设置价格、活动库存和限购数量；❷ 单击"提交"按钮，如图 8-22 所示。

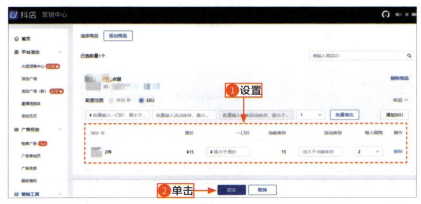

图 8-22

商家在设置了限时限量购活动后，用户在抖音平台中进入活动商品的直播间或商详页后，可以看到有专属活动标识和皮肤，如图 8-23 所示。

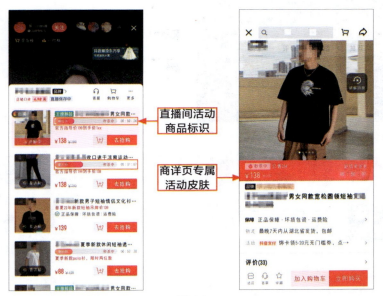

图 8-23

8.2.2 满减活动

满减活动是指通过为指定商品设置"满额立减""满件立减""满件 N 折"等优惠形式,对用户的购买决策产生影响,从而提升客单价和用户转化效果。下面介绍设置满减活动的操作方法。

Step 01 进入"抖店丨营销中心"页面,❶在左侧导航栏中选择"营销工具"丨"满减"选项;❷单击右上角的"立即新建"按钮,如图 8-24 所示。

图 8-24

Step 02 进入"新建活动"页面,在"设置基础规则"选项区设置各选项,包括活动的类型、名称、时间、优惠设置及是否允许叠加店铺券等,如图 8-25 所示。其中,"优惠设置"选项采用阶梯优惠的方式,默认只有 1 个层级,单击"增加规则"按钮,最多可添加 5 个层级,下一层级的满额或折扣要大于上一个层级。

Step 03 在"选择商品"选项区中单击"添加商品"按钮,在店铺中添加参与活动的商品,上限为 100 件。单击"提交"按钮即可创建满减活动。如果商家想中途停止进行中的活动,可以在"多件优惠"活动页面中,单击活动商品右侧的"设为失效"按钮,如图 8-26 所示。

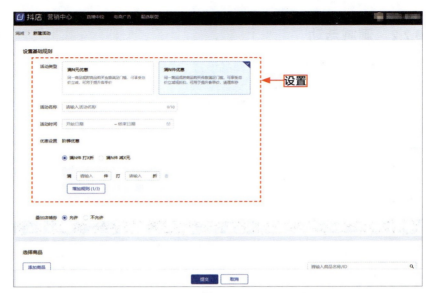

图 8-25

图 8-26

商家创建满减活动,当用户进入店铺主页、商详页或单个商品下单页后,可直接看到活动信息,从而有效引导用户同时购买多个商品,如图 8-27 所示。

第 8 章 营销：用户关注引爆流量

图 8-27

8.2.3 定时开售

商家上架新品时，可以通过定时开售活动为新品预热引流，吸引用户预约和收藏新品，帮助商家了解商品的热度和预估销量。下面介绍设置定时开售活动的操作方法。

Step 01 进入"抖店 | 营销中心"页面，❶在左侧导航栏中选择"营销工具"|"定时开售"选项；❷单击右侧的"添加商品"按钮，如图 8-28 所示。

图 8-28

Step 02 执行操作后,弹出"添加商品"窗口,在此可以通过商品ID、商品名称或上架状态查询商品,如图 8-29 所示。

图 8-29

Step 03 选中商品前的复选框,单击页面最下方的"提交"按钮即可添加活动商品。图 8-30 为用户端的定时开售活动展示效果。

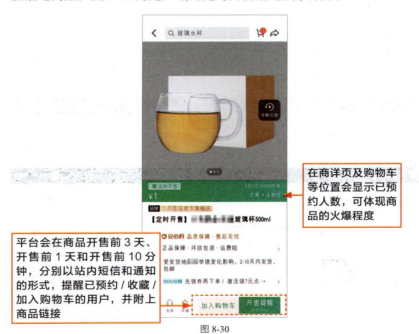

图 8-30

第 8 章 营销：用户关注引爆流量

对于商家来说，开展定时开售活动不仅可以通过用户的预约数据了解商品热度，还可以营造商品的稀缺感氛围，同时还能够通过平台的用户召回功能提升直播间或商品橱窗的流量。

8.2.4 拼团活动

拼团活动是指用户在购买某个活动商品时，可以通过分享直播间的方式邀请其他用户一起购买，当商品总体售卖件数符合条件后即可成团，从而享受优惠价格。拼团活动的主要优势如图 8-31 所示。

```
                ┌─ 用户可以通过更低的价格下单，有助于提升转化率
拼团活动的 ─────┤
主要优势        ├─ 用户下单后会分享直播间，能带来额外流量和订单
                │
                └─ 通过设定成团人数，让商家在让利的同时获得收益
```

图 8-31

下面介绍设置拼团活动的操作方法。

Step 01 进入"抖店｜营销中心"页面，❶在左侧导航栏中选择"营销工具"｜"拼团"选项；❷单击右侧的"立即创建"按钮，如图 8-32 所示。

图 8-32

Step 02 进入"创建活动"页面，在此可以设置活动名称、活动时间、

成团数量、是否开启自动成团及订单取消时间等选项,如图8-33所示。其中,成团数量的设置范围为5～10 000,当拼团的用户达到指定数量时,将会成团;选中"开启自动成团"复选框后,则拼团活动结束时未达到成团数量,也可以视为拼团成功;订单取消时间是指用户提交订单后如果一直没有付款,此时系统自动取消订单的时间,建议设置为5分钟。

图 8-33

Step 03 在"创建活动"页面下方的"选择商品"选项区中,单击"添加商品"按钮,选择要参与活动的商品,商家还可以基于 SKU 维度,选择哪些 SKU 参加,哪些 SKU 不参加。设置完成后,单击"提交"按钮,即可创建拼团活动,如图 8-34 所示。

图 8-34

8.2.5 超级福袋

超级福袋是直播间带货的营销互动工具,能够帮助主播实现规范化的抽奖流程。开启超级福袋活动后,该活动将以商品的形式出现在直播间的购物车中,用户点击左上角的超级福袋图标,即可弹出相应界面,主播可以通过口播的方式引导用户完成超级福袋任务,如达到一定浏览时长或发送指定口令等,均可获取抽奖资格,活动展示效果如图 8-35 所示。

图 8-35

商家或运营者需要以达人身份登录巨量百应后台,在"直播管理"页面的左侧导航栏中,❶选择"营销管理"|"超级福袋"选项进入其页面;❷选中"我已阅读并同意《协议名称待定》"复选框;❸单击"立即开通"按钮,如图 8-36 所示。开通超级福袋活动后,先进入"奖品池"选项卡创建奖品。

创建奖品后,切换至"抽奖活动"选项卡,单击"创建活动"按钮弹出"创建抽奖活动"窗口,如图 8-37 所示,在此可以设置中奖条件、开奖时间、兑奖截止时间等抽奖信息,并选择相应的抽奖活动奖品。其中,中奖条件包括"到点开奖""看播任务""评论任务"和"粉丝团任务"等类型。设置完成后,单击"发布"按钮,即可创建超级福袋活动。

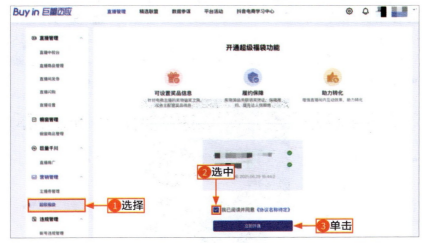

图 8-36

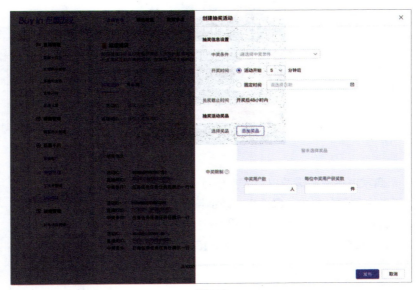

图 8-37

第 8 章 营销：用户关注引爆流量

8.2.6 巨量千川

巨量千川是巨量引擎推出的电商广告平台，为商家和运营者提供抖音电商一体化营销解决方案，实现高效经营，成就生意的可持续增长。巨量千川已经与抖音电商的经营实现了深度融合，有助于提升电商营销效率和效果，助力商家实现长效增长和电商生态的健康发展。商家或运营者可以在抖店后台的顶部菜单栏中单击"电商广告"按钮，如图 8-38 所示。

图 8-38

执行操作后，即可进入巨量千川平台，在"推广"页面中设置相应的营销目标和推广方式创建推广计划，如图 8-39 所示。

在"营销目标"选项区中，商家或运营者可以结合自己的营销目标，选择"短视频/图文带货"选项吸引用户购买商品，或选择"直播带货"选项吸引用户进入直播间下单。

在"推广方式"选项区中，"极速推广"方式的操作门槛低，相对便捷，适用于新手；"专业推广"方式则可以自由选择投放方式、投放速度、转化目标，以及设置日预算、出价、定向人群、投放日期和时段、创意类型、创意内容、创意分类和创意标签等选项,适用于老手。

图 8-39

05　运营篇

Chapter 09

运营：抖音小店运营管理

从概念上来看，抖音是一个集"内容＋电商"于一体的针对年轻潮流人群的 App，而抖音小店（以下简称抖店）则是在抖音上开店的商家后台 App。毋庸置疑，抖音小店将是未来的重点发展平台。

9.1 轻松运营抖店

近年来，线上购物呈现快速增长的态势，越来越多的人开始在线上购物。除了淘宝、京东和拼多多等电商平台之外，短视频平台也成为很多用户的主要购物渠道之一。抖音作为近年来发展得比较好的短视频平台之一，也拥有自己的商城，因此很多人养成了看抖音短视频和直播购物的习惯。

目前，抖音平台上的商品全部来自抖店，因此我们可以将抖音看成是抖店的另一个商品展示的渠道，其他展示渠道包括今日头条、西瓜视频等。

也就是说，运营者如果想要在抖音上开店卖商品，开通抖店是一条捷径，即使是零粉丝也可以轻松入驻开店。本节主要介绍抖店的运营管理工作，包括入驻抖店、新手店铺任务、联系官方运营、引导用户入会、店铺推广方式、提升视觉效果、提升用户满意度和提高发货效率的内容。

9.1.1 入驻抖店

对于零粉丝的运营者来说，如果想要入驻抖音，目前只能通过开通抖店实现，这种方法比较适合企业或商家类型的运营者。

运营者在抖店上传的商品会自动同步到抖音平台。也就是说，运营者只需要入驻抖店，通过抖店发布商品，然后绑定官方账号并开通商品橱窗，最后使用绑定抖店官方账号的手机号登录抖音，抖店中的商品就会自动同步到抖音平台了。

下面介绍电脑端入驻抖店的具体操作方法。

Step 01 进入抖店官网的"首页"页面，在"入驻材料与费用"选项卡中，❶设置"开店主体"和"店铺类型"选项；❷单击"查询"按钮，如图9-1所示。

图 9-1

Step 02 执行操作后，即可在弹出的"入驻所需材料、费用"页面查看具体账号类型所需的入驻材料，如图 9-2 所示。

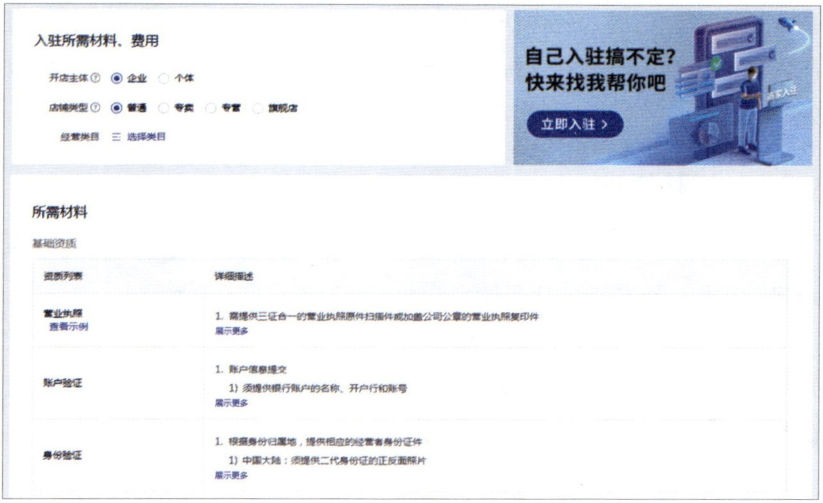

图 9-2

Step 03 如果运营者要查看具体的入驻材料，还可以单击页面中的"展示更多"按钮。图 9-3 为企业普通类抖店账号入驻所需的具体材料。

第 9 章 运营：抖音小店运营管理

图 9-3

Step 04 准备好入驻资料后，即可根据"入驻流程"选项卡中的操作提示，完成入驻操作，如图 9-4 所示。

图 9-4

另外，除了通过电脑端入驻抖店之外，运营者还可以通过移动端入驻，下面介绍相关的操作方法。

Step 01 打开抖音 App，在"我"界面中点击"商品橱窗"按钮，如图 9-5 所示。

Step 02 进入"商品橱窗"界面，在"常用服务"选项区中点击"开通小店"按钮，如图 9-6 所示。

图 9-5　　　　　　　　　图 9-6

Step 03 执行操作后，系统自动进入抖店"首页"界面，在此可以查看"现在入住享限时商家权益"，包括"0粉丝挂购物车""免费企业号认证""千元流量券任务"等，❶选中"我已经阅读并同意上述授权及《账号绑定服务协议》"复选框；❷点击"立即入驻"按钮，如图 9-7 所示。

Step 04 执行操作后，进入"选择认证类型"界面，目前移动端仅支持个体工商户入驻，点击"个体工商户"右侧的"立即认证"按钮，如图 9-8 所示。企业或公司类型的运营者可以点击"复制"按钮，复制 PC 端入驻入口的网页链接，前往电脑端进行入驻操作。

Step 05 执行操作后，进入"主体信息"界面，如图 9-9 所示，运营者可以根据相应流程填写相关资料，完成主体信息和店铺信息的填写，进行平台审核及账户验证之后，即可完成抖店的入驻。

Step 06 有疑问的运营者还可以在"选择认证类型"界面中点击"入驻攻略"按钮进入其界面，在此可以查看入驻所需材料、操作流程和常见问题，如图 9-10 所示。

第9章 运营：抖音小店运营管理

图 9-7

图 9-8

> **特别提醒**　个体工商户商家可以选择普通店铺，企业/公司商家可以选择专营店、专卖店、旗舰店。如果企业商家没有商标，则只能选择普通店铺。

图 9-9

图 9-10

> **特别提醒**　开通抖店后,运营者需要缴纳500元的作者保证金,它是平台为了约束运营者的操作和运营行为的一种方式。如果运营者不缴纳作者保证金,抖店中的商品就无法一键同步至商品橱窗,因此运营者要及时缴纳,以保证抖店的正常运行。

运营者可以前往"商品橱窗"界面,在"常用服务"选项区中点击"作者保证金"按钮,如图9-11所示。执行操作后,进入"作者保证金"界面,点击"立即充值"按钮,如图9-12所示,即可进行充值。

图 9-11

图 9-12

虽然移动端可以入驻,但企业/公司仍然需要通过电脑端入驻。抖店包括旗舰店、专卖店、专营店、普通店等多种店铺类型。另外,商家还可以在电脑上进入抖店官网的首页,可以选择手机号码注册、抖音入驻、头条入驻和火山入驻等多种入驻方式,如图9-13所示。

第 9 章 运营：抖音小店运营管理

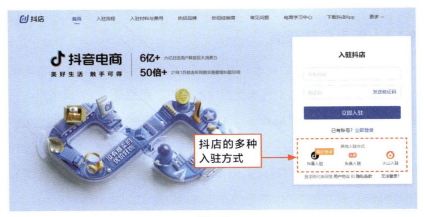

图 9-13

登录抖店平台后，自动跳转至"请选择主体类型"页面，如图 9-14 所示。运营者需要在该页面中根据自身需要选择合适的主体类型（即单击对应主体类型下方的"立即入驻"按钮），然后填写主体信息和店铺信息，并进行资质审核和账户验证，缴纳保证金，即可完成抖店的入驻。

图 9-14

抖店覆盖了服饰鞋包、珠宝文玩、美妆、3C 家电、个护家清、母婴和智能家居等多个品类，大部分线下有实体店或者开通了网店的商家，都可以注册和自己业务范围一致的抖店。

9.1.2 新手店铺任务

入驻抖店平台之后,运营者应该及时完成新手任务,这不仅可以熟悉相关操作,而且完成任务之后还能获得专属流量。进入抖店后台,在左侧导航栏中选择"店铺"|"任务中心"选项进入其页面,如图9-15所示。该页面展示了各种需要运营者完成的任务,单击对应任务后方的按钮,自动跳转至对应任务的操作入口页面,运营者只需根据提示进行操作,即可完成对应的任务并获得相应奖励。

图 9-15

9.1.3 联系官方运营

运营者可以主动联系抖音电商的官方运营,这样做不仅可以获得更多专属资源和福利,还可以优先体验相关功能。进入抖店后台的首页,❶单击右下方的"联系运营"按钮;❷弹出"联系抖音电商官方运营"对话框,如图9-16所示。

图 9-16

运营者只需根据要求填写信息,并选中"我已阅读并同意《注意事项及法律声明》"复选框,单击"提交"按钮,即可提交信息。信息提交完成后,抖音官方运营便会与运营者取得联系。

9.1.4 引导用户入会

抖音电商还上线了"店铺会员"功能,运营者可以引导用户加入店铺会员,让商品更好地触达用户,从而有效地提升店铺的收益。当然,运营者要想在抖音平台中直接引导用户加入店铺会员,要先在抖店后台开通会员功能。

进入抖店后台,❶在左侧导航栏中选择"用户"|"人群触达"选项,即可看到开通会员的信息;❷选中"我已阅读并同意《抖店会员通功能服务协议》"复选框;❸单击"立即开通"按钮,如图 9-17 所示。

运营者只需根据提示进行操作,即可成功开通会员功能。会员功能开通后,抖店后台左侧的导航栏中会出现"会员"板块,商家可以进入该板块对会员的相关信息进行设置。

图 9-17

9.1.5 店铺推广方式

目前，抖店的流量主要来源于直播间、短视频和自然搜索，运营者既可以通过创意十足的带货内容获取直播和短视频流量，也可以通过达人推荐测评获取自然搜索流量。另外，抖店常用的推广方式还有达人合作、优惠券、限时限量购、满减活动、定时开售、拼团等。运营者需要正确地使用这些推广方式，从而有效地提升流量的转化与商品推广效果。

以达人合作推广为例，运营者选择的达人越优质，则抖店获取的流量就越精准，同时商品转化率也会越高。运营者可以借助抖店后台中的"精选联盟"功能高效、精准地寻找带货达人，从而快速达成合作。

另外，在巨量百应平台的"服务大厅"板块有一个"达人广场"选项，运营者可以在该页面查找达人并与之建联（即建立联系），如图 9-18 所示。

第9章 运营：抖音小店运营管理

图 9-18

运营者可以在"达人广场"页面筛选达人并下单，与达人进行合作。具体来说，运营者可以从"主推类目""粉丝总数""内容类型"和"其他筛选"等角度，对达人进行筛选。选择达人后，进入达人详情页，运营者可以通过带货口碑和相关数据对达人进行分析，筛选适合的达人，如图 9-19 所示。

图 9-19

达人详情页中包括"数据概览""粉丝分析"和"直播详情"板块，这些板块依次呈现的是达人账号的整体运营数据、用户画像数据和直播带货数据。运营者可以根据自身需求，选择合适的板块进行达人账号的数据分析。

筛选合适的达人后，运营者可以与达人建联，就合作的相关事宜进行协商。确定要合作之后，运营者可以创建专属计划任务或定向计划任务，在巨量百应平台下单。只要达人接受任务，运营者便可以与其达成合作。

9.1.6 提升视觉效果

优质的店铺装修能够帮助运营者更好地引导用户下单。店铺装修不仅可以提高店铺页面的美观度，营造购物氛围感，还可以让更多用户被店铺中的内容所吸引，主动购买商品，成为店铺的消费者，达到提高店铺转化率的效果。

抖店的装修就是对店铺中的大促活动页、精选页、分类页和自定义页等页面进行设计，提高店铺各个页面的视觉效果，给进入店铺的用户留下良好的第一印象。运营者可以进入抖店后台的首页，在左侧导航栏中选择"店铺"|"店铺装修"选项，如图 9-20 所示。

图 9-20

执行操作后，即可进入"店铺装修"页面，运营者可以在左侧导航栏中选择相应的页面进行装修设计，如图9-21所示。其中，精选页即商品橱窗精选页，对该页面进行装修设计可以突出主推商品、提高商品转化率。

图 9-21

分类页是指店铺的橱窗分类页，对该页面进行装修设计可以更好地对商品进行分类整理，让用户更加快速、准确地找到需要的商品，从而达到提高商品转化率的目的。自定义页面是指按照自己的想法定义的页面，这种页面不固定在店铺中的某个位置，可以用于设置精选页海报的跳转链接页。通过自定义页的设置可以将同一类别、功效或活动的商品集合在一起，从而达到增加商品曝光量和提高店铺收益的目的。

例如，在左侧导航栏中选择"大促活动页"选项进入其页面，单击页面中的"装修页面"按钮，进入"大促承接页"页面，如图9-22所示。运营者可以将左侧的组件拖至中间的页面，进行大促活动页的装修设计。设计完成后，单击页面右上方的"生效"按钮，即可保存大促活动页的装修效果。

图 9-22

  店铺装修功能是有一些使用条件的,运营者只有保证店铺处于正常营业状态,且完成店铺官方账号的绑定,才能进行店铺装修。另外,如果店铺有子账号,那么只有配置了店铺装修权限的子账号,才能进行店铺装修。

9.1.7 提升用户满意度

在为用户提供售后服务的过程中,客服的服务质量无疑是非常重要的,只有客服的服务质量上去了,才能提高用户的满意度,从而在促进店铺成交的同时,增加用户的复购率。

抖店的客服包括人工客服和机器人客服两类,相比于机器人客服,人工客服会更有温度,能更好地提供用户需要的服务。在通过人工客服与用户沟通时,客服人员可以通过一些技巧增加用户的购物欲望。

例如,客服人员可以通过向用户发送优惠券,让用户更愿意在店铺中消费。需要说明的是,如果人工客服使用子账号接待用户,需要获得权限才能给用户发送优惠券。进入飞鸽客户端的聊天页面,❶单击输入框中的图标;❷在弹出的"店铺优惠券"对话框中单击"前往商家后台创建更多优惠券"按钮,如图 9-23 所示。

执行操作后,进入抖店后台的"新建客服专享券"页面,在此即可创建客服专享券。然后再次返回飞鸽客户端的聊天页面,此时单击输入框中的图标,即可在弹出的对话框中看到刚刚新建的客服专享券,单击该客服专享券中的"立即发送"按钮,即可将其发送给用户。

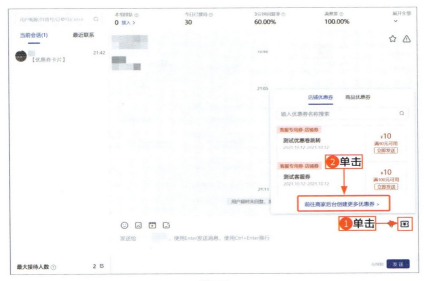

图 9-23

抖店还提供了飞鸽机器人客服,运营者可以使用该功能更好地为用户服务。与人工客服相比,飞鸽机器人客服具有自动提供服务、随时可提供服务、可同时服务多位用户和无须花费成本等优势。运营者进入抖店后台的首页,单击右上角的按钮,如图 9-24 所示。

图 9-24

执行操作后,进入飞鸽后台,❶在左侧导航栏中选择"机器人设

置"|"基础设置"选项进入其页面；❷在右侧窗口中开启"开通机器人"功能，并完成页面中的配置任务，即可使用机器人客服接待用户，如图9-25所示。

图 9-25

9.1.8 提高发货的效率

用户在通过抖音平台购买抖店中的商品之后，运营者需要根据订单及时给用户发货，这既是在履约，也是增加店铺复购率必须要做好的事。为了帮助运营者做好店铺订单管理，提高发货的效率，运营者需要掌握一些订单管理的技巧。

其中，订单发货管理就是根据抖店的订单进行有序发货，抖店推出了"批量发货"功能，能够帮助运营者提高发货的效率。进入抖店后台，在左侧导航栏中选择"订单"|"批量发货"选项，进入"批量发货"页面，❶单击页面中的"下载模板"按钮，根据模板编辑订单信息；❷单击"立即上传"按钮，如图9-26所示，上传编写好的订单信息。

执行操作后，待订单文件上传完成，在右侧的"待发货"选项卡中会出现相关的订单信息，❶选中订单前方的复选框；❷单击页面下方的"批量发货"按钮，如图9-27所示。

第 9 章 运营：抖音小店运营管理

图 9-26

图 9-27

另外，如果用户和运营者就商品的价格进行了商讨，或者运营者发现订单价格不正确，此时还可以通过抖店后台的"改价"功能修改订单中的商品价格。进入抖店后台，❶在左侧导航栏中选择"订单"|"订单管理"选项进入其页面；❷切换至"待支付"选项卡；❸单击对应

订单中的"改价"按钮,如图 9-28 所示。

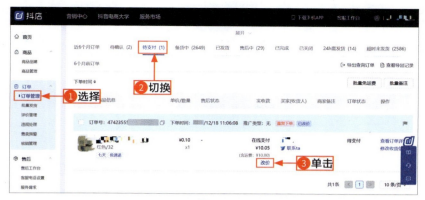

图 9-28

执行操作后,弹出"改价"对话框,运营者可以利用"一键改价"功能快速修改价格,也可以在"改价"和"运费"文本框中自定义修改价格,系统自动计算出"买家实付(含运费)"的价格,如图 9-29 所示。

图 9-29

9.2 抖店商品运营

对于抖店的运营工作来说,商品的运营是带货出单的重中之重,包括选品、定价、上货等多个环节。虽然很多运营者都知道抖店商品运营的重要性，但仍然有很多人在这个环节遇到各种问题。本节将介绍商品运营的相关技巧，包括选品渠道、选品技巧、上架商品、上货服务、优化商品、打造卖点等内容。

9.2.1 快速找到商品

目前，抖店可用的选品渠道非常丰富，包括抖音选品广场、头部达人直播间、优质同行店铺、蝉妈妈等，运营者可以将所有与商品相关的渠道都尝试一遍，看看哪个渠道的商品质量最优、价格最低、供应链最完善。

下面以抖音选品广场为例，介绍利用该渠道选品的操作技巧。

Step 01 在抖音 App 的"我"界面中点击"商品橱窗"按钮，如图 9-30 所示，进入"商品橱窗"界面。

Step 02 在"精选联盟"选项区中点击"选品广场"按钮，如图 9-31 所示。

图 9-30

图 9-31

Step 03 执行操作后，进入"抖音电商精选联盟"界面的"选品中心"选项卡，如图 9-32 所示。

Step 04 ❶运营者可以在搜索框中输入商品名称（或店铺名称）；❷点击"搜索"按钮；❸在搜索结果中选择商品，如图 9-33 所示。

图 9-32　　　　　　　　　图 9-33

Step 05 进入"商品推广信息"界面，查看商品的佣金率、售价、预估每单赚、保障服务、近 30 天的推广数据和评价，确认商品合适后可以点击"加入橱窗"按钮，将该商品添加到商品橱窗中，如图 9-34 所示。

> **特别提醒**
>
> 　　在"抖音电商精选联盟"界面的"选品中心"选项卡中，运营者可以根据类目标签、商家榜单、热销榜单、爆款推荐、源头好物、短视频热卖、9.9 秒杀、团长好货、品牌专区等功能筛选商品；也可以点击右上角的"链接"按钮，添加抖店或外部平台的商品链接；还可以在推荐列表中查看系统根据运营者的历史推广记录和粉丝等情况推荐的商品。
> 　　另外，在"合作商品"选项卡中，根据合作类型展示内容，如专属推广、定向计划和运营者店铺等板块。

第9章 运营：抖音小店运营管理

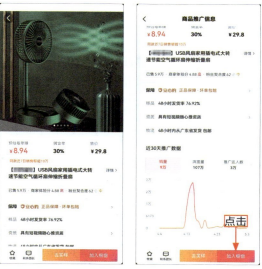

图 9-34

Step 06 如果运营者还想进一步了解该商品，还可以点击商品名称右侧的"详情"按钮，进入该商品的详情页，即可查看该商品的用户评价和详细介绍等，如图 9-35 所示。

图 9-35

9.2.2 找出优质商品

在抖音平台上带货,商品质量会直接影响用户的购买意愿,运营者可以从以下几点选择带货的商品。

1. 选择高质量的商品

抖店中不能出现"假货""三无商品"等伪劣商品,这属于欺骗消费者的行为,平台会给予严厉惩罚,因此运营者一定要本着对消费者负责的原则进行选品。

用户在运营者的店铺下单,必然是信任运营者,运营者选择优质的商品,既能加深用户的信任感,又能提高商品的复购率。因此,运营者在商品的选择上,可以从以下几点出发,如图 9-36 所示。

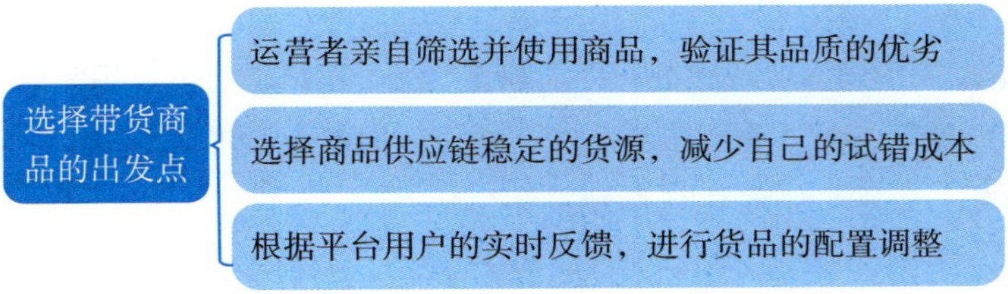

选择带货商品的出发点:
- 运营者亲自筛选并使用商品,验证其品质的优劣
- 选择商品供应链稳定的货源,减少自己的试错成本
- 根据平台用户的实时反馈,进行货品的配置调整

图 9-36

2. 选择与人设定位相匹配的商品

如果是网红或者明星带货,在商品的选择上,首先可以选择符合自身人设的品牌。例如,作为一个"吃货",运营者选择美食商品会更好;作为健身博主,选择的商品可以是运动服饰、健身器材或者代餐商品等;作为美妆博主,选择美妆商品会更好。

其次,商品要符合运营者的人设性格。例如,某明星要进行直播带货,这个明星的人设是"天真烂漫,活泼可爱",那么其所带货的商品,品牌调性可以是有活力、明快、个性、时尚或者新潮等风格的商品;如果运营者是认真且外表严谨的人设,那么其所选择的商品可以是更侧重高品质,具有优质服务的可靠商品,也可以是创新科技商品。

3. 选择一组可配套使用的商品

运营者可以选择一些能够搭配销售的商品，进行"组合套装"出售，还可以利用"打折""赠品"的方式，吸引用户观看视频并下单。

用户在抖音平台上购买商品的时候，通常会对同类商品进行对比，如果运营者单纯利用降价或者低价的方式，可能会让用户对这些低价商品的质量产生疑虑。

但是，如果运营者利用搭配销售商品的优惠方式，或者赠品的方式，既不会让用户对商品的品质产生怀疑，还能在同类商品中体现一定的性价比，从而让用户内心产生"买到就是赚到"的想法。

例如，在服装商品的视频中，运营者可以选择一组已搭配好的衣服和裤子进行组合销售，既可以让用户在观看视频时，因为觉得搭配好看而下单，还能让用户省去自己搭配服饰的烦恼。因此，这种服装搭配的销售方式，对于不会穿搭的用户来说，既省时又省心，吸引力相对来说会更高。

4. 选择一组商品进行故事创作

运营者在筛选商品的同时，可以利用商品进行创意构思，加上场景化的故事，创作有趣的带货脚本内容，让用户在观看视频的过程中产生好奇心，并进行购买。

故事的创作可以是某一类商品的巧妙利用，介绍这个商品并非平时所具有的功效，在原有基础功能上进行创新，满足用户痛点（满足刚需）的同时，为用户带来更多痒点（满足欲望）和爽点（即时满足）。另外，内容的创意构思也可以是多个商品之间的妙用，或者是商品与商品之间的主题故事讲解等。

9.2.3 创建店铺商品

运营者选到合适的商品后，即可将商品上架到抖店中，这样用户就能在抖音平台上看到并购买你的商品。下面介绍在抖店中上架商品的具体操作方法。

Step 01 进入抖店后台的首页,在左侧导航栏中选择"商品"|"商品创建"选项,如图9-37所示。

图 9-37

Step 02 执行操作后,进入"商品创建"页面,在"选择商品类目"选项区,❶根据商品类别选择合适的类目;❷单击"下一步"按钮,如图9-38所示。

图 9-38

> **特别提醒**　运营者需要先做好店铺的精准定位,然后根据这个定位风格选择商品类目,让店铺的整体风格更加清晰,这样抖音平台也可以给你的店铺打上更加明确的标签,同时匹配更精准的用户以展现店铺。运营者可以通过店铺定位快速找到市场的着力点,并开发或选择符合目标市场的商品,避免店铺走弯路。

第9章 运营：抖音小店运营管理

Step 03 执行操作后，进入"商品创建"页面的"基础信息"板块，如图 9-39 所示。在该板块中填写商品的相关信息，并单击"发布商品"按钮，即可提交商品的相关信息。接下来运营者只需根据系统提示设置商品的图文内容、价格库存、服务与履约的相关信息，便可以完成商品的创建。

图 9-39

9.2.4 上货添加商品

运营者如果有其他平台的店铺，也可以借助上货服务批量添加商品，效率会更高。运营者可以进入"抖店｜服务市场"后台的首页，在"管理工具"菜单中单击"一键搬家"或"一键上架"链接，如图 9-40 所示。

执行操作后，即可搜索到大量的上货服务，如图 9-41 所示。运营者可以根据销量、评分和发布时间等维度选择合适的上货服务。

图 9-40

图 9-41

选择相应的上货服务后进入其详情页面,可以查看该服务的功能介绍、服务详情、使用教程和服务评价等内容,❶选择相应的版本和周期后；❷单击"立即订购"按钮即可订购该服务，如图 9-42 所示。上货服务可以抓取天猫、京东、微店、阿里巴巴、拼多多、淘宝等平台的店铺商品，快速将其添加到抖店平台上。

图 9-42

9.2.5 提高商品点击率

抖店中的商品信息包括主图、标题、详情页，用户在抖音平台上也能看到这些信息。其中，标题和主图是用户对商品的第一印象，运营者一定要反复琢磨如何优化商品信息更能吸引用户点进去看；详情页则保持内容的客观真实即可，尽量与实物描述一致，切勿夸大宣传。

运营者可以在抖店后台进入"商品成长中心"页面，查看系统对店铺中所有在售商品的问题评估，如图 9-43 所示。运营者可以及时按照优化建议对商品进行优化，规避商品违规行为、提高商品点击率及转化率等指标，进一步完善店铺的总体经营情况。

图 9-43

在商品列表中,单击商品右侧的"详情"按钮,查看该商品的全部待优化内容和优化建议,如图 9-44 所示。单击"立即优化"按钮,即跳转至商品信息编辑页面,单击其中的输入框可在屏幕右侧查看修改提示和填写规则,如图 9-45 所示。运营者按照提示对商品进行优化后,单击"发布商品"按钮,审核通过后即可修改商品信息。

图 9-44

图 9-45

例如，优化商品标题的作用是为了让用户能搜索并点击该标题，最终进入店铺完成成交。标题优化的目的是为了获得更高的搜索排名、更好的用户体验、更多的有效免费点击量。

在商品的标题文字中，要能够体现商品的品牌、属性、品名和规格等信息。运营者在创建商品时，还需要在商品标题下方填写商品的相关属性。好的商品标题可以给商品带来更高的曝光量，能够准确地命中目标用户，所以运营者一定要重视标题。

9.3 店铺运营规则

抖店商家在店铺运营中有时会出现违规行为，这种行为会对店铺的发展造成不良影响。因此，商家必须做到合规经营，才能让店铺快速做大做强。本节整理了抖店的一些运营规则，包括店铺命名规则、商品发布规则和商家违规行为管理规则，帮助运营者更好地理解和运用规则，让店铺和账号健康成长。

9.3.1 设置店铺名称

从抖店的品牌推广来看,想要在众多抖店中让店名便于记忆,在命名上需要具备新颖、易于传播等特点。在店铺主页中,店铺名称通常位于最顶端,它的作用与实体店铺的名称相同,是大部分消费者首先了解和接触到的信息。

店名是店铺的名称和招牌,好的店名,除了能传达明确的信息外,还可以呈现店铺商品的品牌特点和品质。要做到这些,运营者在设计店名时需要遵循一定的平台规则,清晰地告诉用户你在卖什么,你的店铺有何特色与影响力。

抖店的店铺类型可以细分为官方旗舰店、旗舰店、专卖店、专营店、企业店和个体店,下面分别介绍这些店铺的定义和命名规则,如表9-1所示。

表9-1 抖店的店铺类型和命名规则

店铺类型	定义	授权	申请主体	品牌力	命名形式
官方旗舰店	以自有品牌(商标为R标或TM标)或由商标权利人(商标为R标)提供独占授权的品牌,入驻平台开设的企业店铺	针对独占授权的品牌,"品牌授权书"模板应为"官方旗舰店授权模板"	应为企业,个体工商户和个人不得申请	高	品牌名+官方旗舰店
旗舰店	以自有品牌(商标为R标或TM标)或由商标权利人(商标为R标)提供独占授权的品牌,入驻平台开设的企业店铺	根据品牌授权书类型,可申请"旗舰店"或"官方旗舰店"	应为企业,个体工商户和个人不得申请	高、中	品牌名+一级类目(可选)+旗舰店

续表

店铺类型	定义	授权	申请主体	品牌力	命名形式
专卖店	以商标权利人提供普通授权的品牌入驻平台开设的企业店铺	入驻品牌应为已经注册的商标（R状态），或申请时间满6个月且无驳回复审的TM标	应为企业，个体工商户和个人不得申请	高、中	品牌名＋企业商号＋一级类目（可选）＋专卖店
专营店	以商标权利人提供普通授权的品牌入驻平台开设的企业店铺，经营2个及以上品牌	入驻品牌应为已经注册的商标（R状态），或申请时间满6个月且无驳回复审的TM标	应为企业，个体工商户和个人不得申请	高、中	企业商号＋一级类目（可选）＋专营店
企业店	以商标权利人提供普通授权的品牌入驻平台开设的企业店铺，经营1个及以上品牌	入驻品牌应为已经注册的商标（R状态），或申请时间满6个月且无驳回复审的TM标	应为企业，个体工商户和个人不得申请	低	自有品牌："品牌＋一级类目（可选）＋企业店"；授权品牌："品牌＋一级类目（可选）＋授权企业店"；无授权品牌："企业商号＋企业店"

续表

店铺类型	定义	授权	申请主体	品牌力	命名形式
个体店	以商标权利人提供普通授权的品牌入驻平台开设的企业店铺，经营1个及以上品牌	入驻品牌应为已经注册的商标（R状态），或申请时间满6个月且无驳回复审的TM标	应为个体工商户，不能为企业，个人不得申请	低	自定义＋个体店

注：个体店的店铺名称同时需遵守以下规则。

（1）个体店的店铺名称不得使用"旗舰""专卖""专营""官方""直营""官字""官方认证""官方授权""特许经营""特约经销"或其他带有类似含义的内容。

（2）如店铺名称出现品牌（企业商号包含品牌且该品牌的权利人为商家店铺入驻主体的情况除外），需提供品牌授权。

（3）部分类目不允许出现部分品牌名。

对于旗舰店、专卖店和专营店，如果店铺同时经营多类目，则选择其中一个经营类目即可。另外，如果专卖店的企业商号与品牌名重复，则可命名为"品牌名＋企业商号（公司名称中任意字段）＋一级类目（可选）＋专卖店"。同时，专营店不得以"××（品牌名）专营店"命名。图9-46为抖店的命名限制规则。

官方旗舰店、旗舰店、专卖店、专营店必须且仅能绑定一个认证企业号（蓝V标识），同时店铺绑定的认证企业号命名需遵守以下规则。

（1）官方旗舰店：品牌名＋官方账号，与电商侧的店铺名称保持完全一致。

（2）旗舰店：品牌名＋一级类目（可选），与电商侧的店铺名称保持完全一致。注意，一级类目需要和电商侧一致，仅限店铺命名中加了一级类目的情况下，且要一致。

（3）专卖店：与店铺名称保持完全一致。

（4）专营店：与店铺名称保持完全一致。

第三章 命名限制

3.1 店铺名称不得超过60个字符。

3.2 店铺名称空格及英文"-"外不得出现异形符号（以平台公布对于符号标准要为准）。

3.3 店铺名称不得与已经开通的店铺名称重复，如两个店铺同时申请同一店铺名的，则依照申请在先原则开批开通店铺，未通过审批的店铺需要换其他店铺名重新提交申请。

3.4 店铺名称一经提交不支持修改。

3.4 店铺名称不得带有电话号码、电子邮箱、网址、二维码、即时通讯工具或其他联系信息（如第三方平台等其他联系方式）。

3.5 店铺名称不得包含违法信息，包括但不限于：
- 有损于国家、社会公共利益，或有损民族尊严。
- 含有封建文化糟粕、有消极政治影响、诋毁少数民族习俗或带有民族歧视内容。
- 可能对公众造成误解或者误解，或引起社会公众不良心理反应等情况。
- 外国国家（地区）名称/国际组织名称。
- 政党名称、党政军机关名称、群众组织名称、社会团体名称及部队番号或国家领导人及老一辈革命家的名字。
- 有不文明/格调低级/庸俗等不雅词汇。
- 出现平台相关的敏感或标志性信息。
- 未经授权的情况下，使用品牌名称、人名。
- 其他法律行政法规规定禁止的。

3.6 店铺名称不得包含容易造成消费者混淆的信息，包括但不限于：
- 包含知名人士姓名、地名的品牌；
- 与知名品牌相同或近似的品牌；
- 与平台主要业务、类目名称相同或近似的品牌；
- 使用品牌的变形词或衍生词来描述商品的，包含但不限于错别字、拼音、特殊符号等。
- 使用违反《广告法》禁止情形的名称；
- 使用促销相关名称，如满减、折扣、打着、满赠等。

图 9-46

9.3.2 商品信息发布

抖店为了营造良好的平台生态秩序和购物氛围，根据相关的法律法规和规章制度制定了《商品信息发布规范》，从而给商家和用户带来更加优质的使用体验。《商品信息发布规范》中对于商品信息的发布制定了明确的规则，具体包括商品类目、商品标题、商品详情、商品价格、商品 SPU（standard product unit，标准化商品单元）/SKU 设置、商品品牌和商品保质期等内容。

（1）商品类目：根据商品实际属性，填写正确的商品类目。

（2）商品标题：标题字数需要控制在 16～60 个字符之间，1 个汉字占 2 个字符的空间，同时标题内容应包含商品的品牌、品名、基本属性（如材质、功能、特征）和规格参数（如型号、颜色、尺寸、规格、用途、货号）等，不能出现其他与品牌或商品无关的信息，相关示例如图 9-47 所示。

图 9-47

(3) 商品主图:第 1 张主图必须为商品主体正面实物图,其他辅图可以放商品的侧面、背面、平铺及细节等图,同时主图中除 logo 外不能出现其他的文字和水印,相关示例如图 9-48 所示。部分类目要求主图数量需要超过 3 张,而且不能包含完全一样的图片,具体以商品页面提示为准。

图 9-48

特别提醒：注意，不能将所有主图中的商品都采用相同的展示角度，而需要从多角度、多方位展示商品。同时，主图中体现的商品数量需要与销售单位完全一致，商品颜色、规格等也需要与文字介绍一致，其他与所售商品无关的商品和物体不能出现在主图上。

（4）商品详情：商品详情的内容需要遵循完整性、一致性和真实性的原则。

- ✤ 完整性：包含可明示商品主要信息的图文内容，同时需保证主要信息的真实、正确、完整、有效，如品牌介绍、商品名称、生产厂商、厂址、许可证编码、生产日期、规格、尺寸、重量、保质期、使用方法、商品细节、优势、注意事项等。
- ✤ 一致性：对于商品的描述信息，需要保证相同要素在不同板块中的一致性，如商品标题、主图、推荐语、详情描述等。
- ✤ 真实性：对商品的实际功效必须如实描述，不能进行虚假和夸大宣传。

（5）商品价格：商品价格需要合理设置，实际价格不能虚标，且不能随意进行修改和在促销活动中虚假降价。

（6）商品SPU/SKU设置：商品SPU的基本组合形式为颜色、尺寸、系列等属性，相同SPU下不能出现跨品牌、类目或系列的其他无关联商品。对于套装类的商品，必须在SKU信息中清晰地说明商品明细。如图9-49所示，某品牌的Note 9 5G手机就是SPU，是商品聚合信息的最小单位；"流影紫8＋256GB官方标配"就是SKU，是商品的不可再分的最小单元。

（7）商品品牌：旗舰店、专卖店、专营店等类型的店铺在上架商品时，必须提供相应的品牌资质，普通店铺在上架部分类目的商品时需要按照相关要求提供品牌资质。只要在店铺名称或商品详情页中出现品牌信息，就必须提供相应的品牌资质。

（8）商品保质期：必须提供正确的商品保质期信息，并要符合《商品保质期规范》的相关要求，如图9-50所示。

图 9-49

图 9-50

9.3.3 违规行为管理

抖店平台针对所有入驻商家推出了《商家违规行为管理规则》，

作为对平台规则的有效补充，商家必须遵守国家法律、行政法规、部门规章、平台规则及与平台签订的各项协议。《商家违规行为管理规则》的基本内容如图 9-51 所示。

| 违背服务承诺 | 即商家未按平台规定或约定向用户提供承诺的服务，如违规发货、售后超时、消极处理售后申请、违背开票承诺、未按约定交付服务/商品、异常售后地址及信息等 |

| 商品发布违规 | 即在商家向用户展示商品信息的场景中，对所发布商品做出明示或暗示的商品描述存在违规行为，如滥发信息、虚假宣传、不当使用他人权利、发布混淆信息、发布违禁商品/信息、发布非约定商品、出售假冒/盗版商品等 |

| 商品质量不合格 | 即商品品质不符合国家标准、行业标准及平台相关管理要求，如商品标识标志不合格、商品感官质量不合格、材质成分不符、假冒材质成分、商品物理/化学/安全等项目不合格 |

| 扰乱平台秩序 | 即商家扰乱和破坏公平竞争、平等交易的平台秩序，侵害其他商家权益或对平台造成不良影响的行为，如未按平台规则提交资质材料、提供虚假资质材料、危及消费者权益、违背交易流程、虚假交易、骚扰用户/平台工作人员、不当获取/使用信息、不当获利、违规经营跨境业务、重新经营已被封禁的违规商品的同类商品等 |

图 9-51

商家一旦出现上述违规行为，将被平台处罚，如公示警告、扣除违约金、店铺权限限制、扣除违规所得货款、店铺清退、关联店铺/账号处理、信用分扣除及平台认为必要的其他处理措施。

商家在运营抖店时，如果对相关的规则不了解，那么在违规后只能是"徒增伤悲"，到时就算痛哭流涕去求原谅也无济于事了。

Chapter 10

第10章
带货：视频卖货快速变现

带货对运营者来说十分重要，它意味着你的视频能否变现。本章将5带大家学习视频快速变现的内容，帮助大家快速掌握卖货技巧，成为带货达人。

10.1 优化视频内容

有了优质的短视频内容后,运营者还需要将其发布到抖音平台上,吸引用户关注和购买视频中推荐的产品。本节主要介绍短视频内容的发布和优化技巧,帮助大家让短视频具备带货的能力。

10.1.1 商品分享功能

商品分享功能即抖音的商品橱窗带货功能,由于抖音电商功能可以分为短视频带货和直播带货,因此运营者在入驻抖音前必须开通抖音电商功能(即商品橱窗),开通商品分享功能后,运营者可以获得商品橱窗、短视频等一系列权益,具体如下。

(1)添加商品:获得商品橱窗带货功能,可添加抖音电商精选联盟中的商品,以及淘宝、京东等第三方平台中的商品。

(2)带货视频:支持发布带商品的短视频和个人主页视频置顶功能。

(3)营销推广:可通过投放小店随心推创建推广计划,推广短视频。

(4)账号运营:可登录巨量百应平台管理抖音号,在电脑端执行回复消息、设置私信功能、查看账号的运营数据,以及置顶评论等操作。

满足条件的运营者可以根据如下操作在抖音 App 中开通抖音电商功能。

Step 01 进入"商品橱窗"界面,在"权限申请"选项区中选择"成为带货达人"选项,如图 10-1 所示。

Step 02 进入"成为带货达人"界面,如图 10-2 所示。运营者根据提示完成任务,即可在商品橱窗、短视频、直播中分享推广商品,开启带货之路。

图 10-1　　　　　　　　　图 10-2

10.1.2　参考优质内容

抖音电商平台推出了电商短视频榜单功能，旨在给运营者提供优质的电商内容案例作为参考，帮助运营者更好地拍摄电商短视频。同时，对于上榜的电商短视频作品，平台还会给予运营者荣誉激励，提升优质创作者的影响力。

运营者可以进入巨量百应平台，在"作者成长"页面的左侧导航栏中选择"短视频排行榜"选项，默认显示的是"带货视频榜"页面，如图 10-3 所示。

该页面中默认显示的是添加了购物车商品的电商短视频总榜，同时运营者还可以选择查看服饰内衣、母婴宠物、图书教育、智能家居、生鲜食品、美妆、个护家清或其他行业垂类（垂直类目）榜。

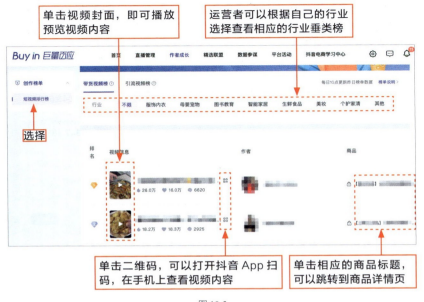

图 10-3

10.1.3 分析带货数据

运营者可以进入抖店后台的"内容分析"|"抖音短视频"页面，查看短视频的整体数据和明细列表，通过分析短视频带货数据提升短视频内容质量。

图 10-4 为"数据概览"模块，运营者可以根据其中的数据对店铺的整体短视频带货内容质量及效果进行评估，从而决定是否要加大短视频的投入。运营者可以根据发布月份筛选查看相应数据指标，了解当月短视频发布数据的变化趋势、累计达成的成交金额和退款金额。

图 10-5 为"短视频明细"模块，运营者可以分析各个短视频的数据指标，找出带货效果好的短视频内容及商品，并总结数据较好的短视频内容的共性特征，以此优化其他短视频内容，并匹配更好的货品。

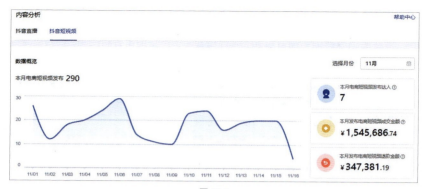

图 10-4

图 10-5

10.1.4 提升变现能力

抖店后台的短视频带货数据分析功能针对的是商家，没有开通抖店的带货达人可以通过巨量百应平台的"数据参谋"功能快速直观地获取短视频数据，并通过分析明细数据提升短视频的变现能力。

运营者可以进入巨量百应平台的"数据参谋"|"更多数据"|"短视频数据"页面，包括"短视频概览"和"短视频明细"两个模块。

（1）在"短视频概览"模块中，运营者可以查看某个时间段内的视频播放次数、视频点赞次数、完播率、商品展示次数和商品点击次数等核心数据的变化趋势,如图 10-6 所示,此外,还有该时间段内的整体短视频从商品曝光到成交的各环节转化漏斗数据。

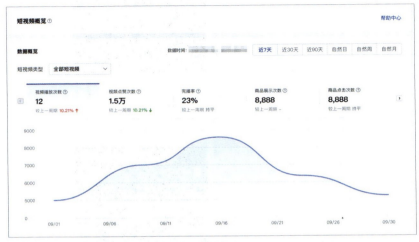

图 10-6

(2)在"短视频明细"模块中,运营者可以查看不同时间内发布的每条短视频的核心数据指标和电商指标,具体包括累计播放次数、累计点赞次数、累计分享次数、累计评论次数、平均播放时长、完播率、累计商品曝光人数、累计商品点击人数、商品点击率、累计成交订单数和累计成交金额。

10.1.5 提升视频转化率

很多视频创作者最终都会走向带货卖货这条电商变现之路,带货视频能够为产品带来大量的流量和销量,同时让运营者获得丰厚的收入。下面介绍带货短视频的 6 大基础原则,帮助运营者快速提升视频的流量和转化率。

(1)画质清晰,亮度合适。需要保证带货视频的画质清晰,同时背景曝光要正常,明亮度合适,不需要进行过度的美颜磨皮处理。

(2)避免关键信息被遮挡。注意字幕的摆放位置,不能遮挡商品、品牌信息、产品细节等关键内容，如图 10-7 所示。

图 10-7

（3）音质稳定，辨识度高。运营者在给视频配音时，注意背景音乐的音量不要太大，同时确保口播带货内容的配音吐字清晰。

（4）背景画面干净、整洁。带货视频的背景不能过于杂乱，尽量布置得干净、整洁一些，让用户看起来更舒适。

（5）画面稳定、不卡顿。在拍摄时切忌晃动设备，避免画面变得模糊不清，同时各个镜头的衔接要流畅，场景过渡要合理。

（6）真人出镜，内容真实。对于真人出镜讲解产品的视频，平台是十分支持的，和 AI（artificial intelligence，人工智能）配音相比，真人讲解可以让用户感觉内容更真实。

10.2　让商品卖出去

在抖音平台上，有很多百万粉丝级别的抖音号是名副其实的"带货王"，捧红了不少产品。通过种草短视频可以直接将用户引导至商品橱窗下单,进一步缩短购物路径,成为"自动"售货机,同时也让运营者的电商变现之路变得更好走。

10.2.1 商品展示技巧

如果用户看完了你的短视频,就说明他对该商品有一定的兴趣。而种草短视频与图文内容相比,它可以更细致、直观、立体、全方位地展示橱窗商品的卖点和优势,能够有效刺激用户下单,提高橱窗商品的转化率。

下面重点介绍可以高效种草转化的 3 类视频。

(1)横向测评商品类:通过筛选多款商品进行横向测评,帮助用户从多角度快速了解这些商品的特点,如图 10-8 所示。

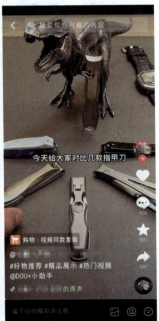

图 10-8

(2)制作过程展示类:运营者可以在视频中真实还原商品的制作过程,如图 10-9 所示。

图 10-9

（3）商品深度讲解类：运营者可以从多维度介绍商品的卖点、价位等信息，如图 10-10 所示。

图 10-10

| 特别提醒 | 种草视频可以将日常生活作为创作方向，包括但不限于这几类：穿搭美妆、生活技巧、美食教学、健康知识、家居布置、购买攻略等。|

10.2.2 制作教程视频

与商品使用说明书相比，教程视频更为直观，而且教程视频更加节省成本和时间。运营者可以制作一些教程类的视频，帮助用户尽快学会商品的使用。下面重点介绍教程类带货视频的3个制作技巧。

1. 真人演示使用教程

如果橱窗商品的使用难度较大，或者功能比较复杂，如单反相机、汽车用品、化妆品等，运营者可以通过真人口播演示并进行分步骤讲解，指导用户如何使用这个商品，如图10-11所示。

图 10-11

| 特别提醒 | 真人演示使用教程的视频不仅简单明了，还可以直击用户痛点，能够让用户深入了解商品的相关信息，增加用户在视频播放界面的停留时间，形成种草效果，能够快速成交。|

2. 分享购买技巧攻略

运营者可以给商品做出一系列购买攻略。例如，运营者想帮用户挑选一款物美价廉的化妆品，则可以教用户如何选择购买地点、如何选到适合自己的化妆品，如图10-12所示。

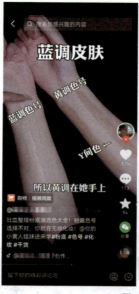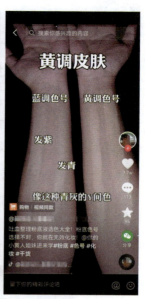

图 10-12

3. 分享实用知识技能

运营者可以手把手教用户利用商品解决一些具体的问题，通过分享某种知识、技巧或技能，售卖商品。例如，运营者在为无人机产品带货时，可以教用户一些常用的航拍技巧，如图10-13所示。

图 10-13

10.2.3 丰富场景展示

丰富的短视频内容更能吸引用户的注意。运营者可以在拍摄视频时丰富视频场景内容，从而达到吸引用户关注的目的。下面介绍丰富带货视频场景展示的相关技巧。

1. Vlog 日常类

运营者可以将带货视频拍成 Vlog（中文名微录，是博客的一种类型，全称是 Video blog 或 Video log），在各种生活和工作场景中展示商品，如记录家庭生活、日常工作、职场趣事、探店、旅游等场景，如图 10-14 所示；或者在视频中展示试货、选货等环节，激发用户对生活的憧憬。

图 10-14

2. 主题小剧场类

运营者可以尝试搞笑、反转、情侣日常、职场生活等主题的小情节剧，注意不要模仿过于陈旧的剧情套路，而要学会创新和运用热点事件，丰富内容的话题。

3. 高质感稀缺视频

高质感稀缺视频通俗来讲就是物以稀为贵，运营者可以与专业视频团队合作，制作 ins 风（Instagram 上的照片风格，色调饱和度低，整体风格多偏向复古冷调）、动漫动画、电影质感、舞台表演风等原创性极强的高质量内容。

10.2.4 视频必备要素

随着网络时代的不断发展，短视频带货也逐渐成为一种常态，与其他形式的带货相比，短视频的内容更容易让人记住，传播效果也十分理想。短视频凭借自己独特的优势，占据了电商行业的半壁江山。那么，优秀的短视频都有哪些通用必备要素呢？下面从 7 个方面分别进行介绍。

（1）实物展示：包括真实货品、真实使用场景和真人试用等内容。

（2）卖点精讲：每个橱窗商品精选 1～2 个卖点，并进行重点讲解。

（3）有吸引力的开头：可以强调用户痛点引发共鸣，然后再利用橱窗商品解决痛点；也可以强调痛点激发用户的好奇心，然后再引出橱窗商品。

（4）功效类产品——对比展示：橱窗商品使用前后的对比效果要直观、明显。

（5）非功效类产品——细节展示：近距离拍摄实物产品的特写镜头，展示橱窗商品的细节特色。

（6）多种方式测试：展示橱窗商品的特性，让用户信服，同时还可以加深用户对商品的印象。

（7）退货保障：强调退货免费、验货满意再付款等服务，增强用户下单的信心。运营者可以结合视频的最后画面，用文字和箭头引导用户点击橱窗商品并完成下单行为。